U0015769

院士叢書

時代的探索

張　灝◎著

前　言

　　現代意大利史學家克羅齊（Benedetto Croce）曾說過：「所有的歷史都是現代史。」這句話在我年來的歷史論著中得到充分的印證。這些論著表面看來似乎龐雜無統序，但它們直接或間接都與我對時代的感受有密切的關係。

　　這份時代的感受最初浮現是1949年我離開中國大陸的前夕。其時我十二歲，心智尚很幼稚，當然無法理解當時時局巨變的意義。但山雨欲來的氣氛已開始浸入我的直覺，留下一些朧朦但強烈的印象。

　　那年春天，國共和談破裂，中共大軍直逼長江，南京城陷入一片混亂，學校也隨之停課。就在停課那天，無事可做，我和幾個朋友年少不知愁，隨著一位同學到他家去玩。他的父親是當時國民黨政府的高官，家就坐落在南京城北的高級住宅區，那兒都是一座座花園豪宅。使我吃驚的是，我們這一群大孩子居然能在他家及附近的深院大宅裡穿梭式地隨意來往奔跑，不但無人阻擋，而且也看不見一個人。當我向這位同學問起原因時，他淡淡地回答：「他們都跑了。」我這才猛然發覺，

幾天之內，南京已變成一座空城。一座空城？這是為什麼？一種莫名的困惑與恐懼開始浮上心頭。記憶中那是一個特別燦爛的江南春天。明媚的春光灑落在花木扶疏，綠草蔓生的庭園上，卻給我一種異樣荒寂而沉重的感覺，似乎預示著：周遭的繁華行將消逝。

不久我們也跑了，父母帶著我去了上海。在上海短短的兩個月，我借讀位於市郊的上海中學。因為學校距離市區相當遠，學生都是住校的寄宿生，只能在週末回家。記得每個週末我來往於市區與郊區之間，總看到軍車穿梭不停，田野間到處都是士兵忙著建築防禦工事，一片四郊多壘，戰禍臨頭的景象。學校有夜自修的制度。那些日子我每晚上罷初中部的夜自修，在回宿舍的途中，穿越校園，看到高中生已經自動停止晚自修，大伙兒一群群的圍坐在草地上，人影幢幢中，飄散著「團結就是力量」那首「進步」歌曲。歌聲低沉而激越，氣氛凝重而興奮，遠處依稀可辨的是田野間黑壓壓的碉堡，與不時傳來的哨兵口令聲。這些景象我完全不能理解，但本能地使我感覺一場大風暴就要來臨。

隨後我們去了台灣。那時的台灣正在白色恐怖的籠罩之下，政治氣壓極低，在我青少年的成長過程中，對我的時代感受與政治意識難免有些壓抑與扭曲的影響，但離開南京和上海前所留下的那些感覺與景象，卻仍然不時地出沒在我的腦際，在那裡發酵，在那裡潛滋暗長，像地下水一樣灌溉著我的時代感。由於它的驅使，我進了台大歷史系。也由於它的牽引，我在校園裡找到了殷海光先生，投入他的門下。大學畢業後我去

了美國，海外遼闊的學術天地與思想視野，終於使我長年累積的時代感凝聚成多年來求學的中心問題：如何探索這時代大風暴的思想根源與背景？

近十年來，這探索留下了一些蹤跡，就是這裡搜集的文章。它們都是直接或間接討論近現代思想與文化變遷的文字。特別是有關我所謂的「轉型時代」（1895-1925）的論述，這不是偶然，因為長久以來，我認為轉型時代是中國近現代大變動形成的一個關鍵時期。

我把這本文集定名為「時代的探索」。多承聯經的厚意與林載爵先生的督促，這本文集幾經我的拖延，終於問世，特別在此一併致謝。

目次

世界人文傳統中的軸心時代

如所周知,「軸心時代」(Axial Age, 800-200 B.C.)是德國思想家雅斯培(Karl Jaspers)在1940年代末期提出的觀念。他指出在那個時代,古代舊大陸的幾個主要文明地區,西從東地中海,東至中國的華北,南至印度的恆河流域,都曾同時產生了思想與文化的突破。在他原來的構想中,中亞古波斯祆教(Zoroastrianism)的出現也是包括在「軸心時代」的文化突破裡,不過近年來學界對祆教是否開始於那個時代,已有懷疑與爭議。但是即使把古波斯文明除外,我們仍然可以說,世界三個主要文明,西方中國與印度,在它們早期發展的過程中,都曾經歷過「軸心時代」的文化躍進。

這篇文章有兩個目的,首先是對歷來有關「軸心時代」的認識與研究,作一些大略的檢討,更重要的是:從世界文化史的角度對這時代的歷史意義提出一些個人初步的看法。

一、西方學界對「軸心時代」的看法

西方學界第一次注意到「軸心時代」這個歷史現象是十九世紀初葉。當時，法國的東方學家亞貝爾-雷慕沙(J. P. Abel-Remusar)已注意到公元前1000年間，在古代東西幾個主要文明的區域裡，大約同時發生空前的思想躍進[1]。十九世紀中葉，德國學者拉蘇斯(Lasaulx)在他的論著裡已經把這個現象提升到歷史哲學的層次去反思[2]。

但是一個半世紀以來，西方學者對這個文化歷史現象雖迭有討論，到今天，西方學術界的主流仍未給予這現象應有的重視，推究起來，大約有兩個原因。

一個原因是西方史學與社會科學界的主流，承襲了理性主義的傳統，一向是從西方中心的思想架構去看世界歷史的發展，自然很難看到非西方地區(如中國與印度)的文化思想躍進有何舉足輕重的世界性影響，韋伯(Max Weber)所代表的學術傳承就是一個顯著例子。如所周知，韋伯對非西方世界幾個主要地區的文化發展，曾著有一系列比較文化研究，但是因為他的思想架構是建築在西方文明特殊發展出來的理性觀念上，他雖然對中國與印度傳統文化都有專著，卻並未重視這些文化在「軸

---

1 J. P. Abel-Remusar, "Memoire sur la vie Les opinions de Lao-Tseu", *Academie des Inscriptions et Belles-Lettres*, VII (Paris, 1824), 1-54.
2 Karl Jaspers, *Vom Ursprung und Ziel der Geschichte* (Zürich: Artemis Verlag, 1949), 28.

心時代」所產生之思想突破的影響。

　　韋伯學派在美國的主要傳人，社會學家帕森斯(Talcott Parsons)，在1950與1960年代，也是以西方特有的理性化觀念爲出發點，把世界各種文化放在一個統一的演化架構內作比較研究。不錯，他也曾提到公元前六世紀以後世界幾個主要文明圈內所發生的「哲學突破」(philosophical breakthrough)，但談到古代文化發展的創新，他只認爲古代西方的希臘與以色列是他所謂世界文明演化的「苗床社會」(seedbed societies)，而中國與印度的古文明完全不在其列[3]。韋伯與帕森斯的社會學理論是二次大戰後在西方盛行的現代化觀念的思想根源，可以說是現代西方學界的一條主流思想。這條主流思想在近年來，透過貝拉(Robert N. Bellah)對宗教演化(religious evolution)的論著，特別是艾森斯塔特(Shmuel N. Eisenstadt)的比較文化研究，開始正視「軸心時代」在人類文化史上的重大意義，但他們對「軸心時代」的認識是否對西方學術主流產生影響，尙在未定之天[4]。

　　這裡值得順便一提的是，在西方學術主流之外，對「軸心時代」這觀念也有一些反響，其中最重要的當數西方現代思想家佛

3　Talcott Parsons, *Societies: Evolutionary and Comparative Perspectives* (Englewood Cliffs, N. J.: Prentice Hall, 1966), 95-108.「哲學的突破」這觀念見Talcott Parsons, introduction to *The Sociology of Religion*, by Max Weber (Boston: Beacon Press, 1963).

4　Robert N. Bellah, "Religions Evolution", in *Beyond Belief, Essays on Religion in a Post-traditional World* (New York: Harper & Row, 1970), 32-33; Samuel N. Eisenstadt, *The Origins and Diversity of Axial Age Civilizations* (Albany, N. Y.: SUNY Press, 1986).

吉靈(Eric Voegelin)巨著,《秩序與歷史》(Order and History)[5]。
佛氏完全不同意黑格爾──韋伯這一思想傳承對「理性」這觀念
所作的狹隘理解,因此他在評價世界文化的發展時,可以對「軸
心時代」作相當同情的了解,但問題是他跳出了黑格爾──韋伯
這一思想傳承的小框子,卻跳不出西方文化的大框子。他的基
本思想畢竟還是以古希臘與希伯來的精神思想爲本源,從這本
源深處他吸收了一些對宇宙與生命的感受以及對人類歷史發展
的認識。以此爲根據,他縱覽世界文化的各主要發展,給予古
印度與中國文化在「軸心時代」所出現的思想躍進很高的評價,
但最後就生命與歷史的領悟深度而言,他仍不認爲後者可以與
古希臘與希伯來文化在同時所產生的思想突破相提並論。

　　上面說到在西方學界主流內外對「軸心時代」這一論旨所產
生的一些反響,但這些反響卻經不起西方學界在近30年所湧現的
一股強大思潮的衝擊,這股思潮就是一般所泛稱的後現代主義。
這股思潮在兩方面對「軸心時代」的討論間接地產生負面影響。
首先,後現代的一個基本觀念是否認主體意識對了解文化現象的
重要性。而主體性的重要性正是「軸心時代」論旨的一個前提:
這個時代的出現正由於當時的一些思想人物的主體意識產生了
突破性變化,否認了這個前提自然使人無法看到「軸心時代」的
歷史意義。其次,後現代思潮與「軸心時代」論旨都重視人類文
化的多元性,但後者認爲不同文化之間有高低發展之異,而前者

5　Eric Voegelin, *The New Science of Politics* (Chicago: University of
　　Chicago Press, 1952), 60; *The Ecumenic Age*, vol. 4 of *Order and History*
　　(Baton Rouge: Louisiana University Press, 1974), 2-4.

則因為有文化相對主義的傾向而否認不同文化之間發展程度的
高低差異性。二者在這方面觀點的不同，自然使得「軸心時代」
這觀念在後現代的思想圈裡沒有引起興趣。

　　上面的討論不但使我們了解為何「軸心時代」的論旨迄今
不能在西方學術界與知識界受到廣泛重視，同時也可反襯今天
重提這論旨的學術與文化意義。一方面它可幫助我們走出西方
文化中心的思想框架去認識人類文化的發展，另一方面認識「軸
心時代」這個文化現象，我們也可避免文化相對主義的陷阱，
進而看到人類一些共有的經驗在古代不同文化社區裡形成內容
迥異的思想躍進，而這些躍進為此後人類文明的發展提供了一
些新的思想前提，也因此開啟了一個新的紀元。

二、「軸心時代」的起因

　　探討「軸心時代」這個歷史文化現象，我們首先會問，為
何這個現象發生在世界某些地區而不在其他地區出現？更重要
的是：為何這個現象在古代幾個主要文明地區同時出現？原因
是甚麼？這發生緣起的探討當然是重要而且饒富興味的問題。
西方學者從十九世紀初葉開始認識這現象時，就曾提出這個問
題。當時有些學者曾以文化散播（cultural diffusion）的看法作為答
案。也就是說，他們認為這個文化現象先在一個地區出現，然
後散布到其他地區[6]。鑒於「軸心時代」的文化躍進，在不同的

6　Eric, Voegelin, *The Ecumenic Age*, 3-4。

文明地區，以不同的文字形式與思想內容表現，這種文化散播的說法當然很難成立。

也有一些學者試圖從各文明的歷史環境變動所造成的刺激與回應去解釋「軸心時代」思想突破的出現。例如德國學者亞佛得‧韋伯(Alfred Weber)就曾指出公元前2000-1000年間，印歐遊牧民族從今日俄國南部向外移動，四處遷徙，在公元前1000年以後開始與當時幾個主要文明地區接觸而產生衝擊。因此他認為這種人口大遷移所造成外在環境的刺激，足以解釋為何印歐民族遷徙所至之處，當地人民受到震盪，對生命產生新問題與新思想，由此而有「軸心時代」的思想創新[7]。

此外，歐洲學者魏爾(Eric Weil)也曾經從環境論的觀點提出類似的解釋。他指出「軸心時代」的思想突破都是在文明發生崩解的過程中產生。這不是偶然，因為文明的崩解代表當時人對社會現狀感到不滿，而不滿自然產生改變現狀的希求，從而有突破的可能。因此他認為文明的崩解可以算作突破的一個必要條件[8]。

這種環境的解釋，失之過簡，不能看到問題的複雜性。就崩解導致突破這個解釋而言，首先在事實層次上，就很有欠缺。不錯，中國的軸心突破是出現於東周以封建宗法為基礎的文明

7 Karl Jaspers, *The Origin and Goal of History* (New Haven: Yale Universiry Press, 1953), 16; Alfred Weber, *Das Tragische und die Geschichte* (Hamburg: Goverts, 1943).

8 Eric Weil, "What is a Breakthrough in History? ", *Daedalus* 104, no. 2 (Spring 1975), 21-36.

體系的崩潰過程中。就古印度的軸心突破而言，它是發生於公元前800-500的年代。其時印度的社會經濟結構是有些重要變化，但印度文明體系的整體並未進入分崩離析的狀態。至於公元前800-600年發生於古以色列的軸心突破，以色列是當時西亞文明的邊陲小國，隨時都受著外來侵略的威脅，內部分爲南北兩個小王國，也不無政治的動盪，但大致而言，西亞文明體系的整體並未崩解。至於古希臘，至少到公元前800年就已明顯變成城邦林立的文明，當軸心突破開始發生於公元前500年前後，希臘的文明體系並未處於分崩離析的過程中。因此，所謂崩解→突破之說，就事實而言，只是一些模糊影響之談。同樣重要的是：即使有文明崩解的事實，正如亞佛得‧韋伯所指出的，古代人口大遷移以及隨之而來的戰爭與破壞，這些都是歷史上屢見不鮮的現象，但歷史證明這些大規模的環境巨變在別的時候並不一定激發思想創新，例如公元四至五世紀，羅馬帝國崩潰之時，蠻族入侵，歐洲陷於分裂，並無思想突破、文化創新伴之而來，何以獨獨在「軸心時代」有此結果？環境論對此沒有回答。

　　持環境論的學者，有時針對「軸心時代」發生的社會經濟變化立論，去解釋當時的思想巨變。例如奢帕（Romila Thaper）在解釋印度「軸心時代」佛教的興起時，就曾特別強調公元前1000年以印度恆河流域發生了古印度史上所謂的「第二次城市化」現象（second urbanization）。這現象帶來了空前的經濟變化，如鐵的開始應用、馬的飼養、犁耕農業的出現以及市場經濟相應的發展，連帶新政治與社會組織的演化，這些所形成的歷史環境的劇

變,自然給人以世事無常的感覺。這就是佛教的基本觀念之所由
起。因此,他認爲就佛教的興起而論,印度「軸心時代」的思想
文化突破是可以從當時的社會經濟變遷找到原因[9]。

這種環境的解釋也失之於太簡化,一個很明顯的問題就
是,印度的「軸心時代」,除了佛教的興起,尚有古婆羅門教
的《奧義書》(Upanishads)的出現,而後者的思想與前者有著相
當不同,何以同樣的社會經濟環境可以出現不同的思想?再
者,中國的「軸心時代」是晚周,如所周知,晚周也出現社會
經濟與政治制度的巨變,與印度「軸心時代」出現的「第二次
城市」現象很類似,而晚周出現的思想變化與當時印度的思想
變化內容迥異。二者在這方面的迥異,配上社會經濟環境的相
同發展,又將如何解釋?對這些問題,環境論都難以作答。可
見就「軸心時代」思想變化的成因而言,環境論的解釋是有很
大限制。

近年來德國學者羅茲(Heiner Roetz)研究儒家倫理與「軸心
時代」的關係,應用西方心理學家科伯格(Lawrence Kohlberg)
提出的個人認知發展模式去解釋文化總體的發展,後者認爲個
人一生的認知發展大約經過三個階段。第一個階段是所謂的前
習慣期(pre-conventional):相當於人的童年期,對事物的反應完
全以自我爲中心,他的行爲完全取決於這個行爲是否會給他帶
來一時的滿足與快感。第二階段是習慣期(conventional):是指

9 Romila Thapar, "Ethics, Religion, and Social Protest in the First
   Millennium, B. C. in Northern Indea", *Daedalus* 104, no. 2 (Spring
   1975): 119-130.

一般人在青少年成長的時代，漸漸知道自己的行為必需符合外在社會的習俗規範，在日常活動上要使社會一般人「高興」。第三階段是所謂的後習慣期（post-conventional）：在這一階段，人漸漸知道行為是可以自己自由決定，特別是開始知道個人行為應該取決於普遍抽象的道德理念，而這理念是基於個人內在自主的良知[10]。

羅茲的觀點是：這種個人認知發展的模式也可以宏觀地應用於解釋文化總體的遞嬗演變。就中國的文化發展而言，「軸心時代」是相應於個人認知發展的第三階段，也就是後習慣期[11]。羅茲這種理論漏洞甚多，最明顯的是把中國「軸心時代」的思想內容過於簡化，才能勉強將之塞入所謂的後習慣期。此處更要緊的是：羅茲雖未明說，但他應用科伯格的理論去解釋文化發展，似乎蘊涵一種文化演進論的看法，也就是說，人類文明有一個共同演化的趨勢，當這演化進展到某種程度以後，「軸心時代」的出現是自然的結果。這種演化論，如果是指世界文化普遍的趨勢，則其缺點是很顯然的，因為「軸心時代」，不但在世界許多文化區域裡沒有出現，即使在一些主要的古文明地區，如埃及與西亞兩河流域，也未見其蹤影。如果此演化論是根據少數「軸心時代」曾經出現過的文化經驗的歸納，視這些文化為三階段演化的看法仍然很難成立，因為就我們對古代文

10 Heiner Roetz, *Confucian Ethics of the Axial Age* (Albany, N. Y.: SUNY Press, 1993), 26-32.
11 Heiner Roetz, *Confucian Ethics of the Axial Age* (Albany, N. Y.: SUNY Press, 1993), 26-32, 265-280.

明演進的認識，古希臘、以色列、印度與中國等地區在「軸心時代」出現以前，都是神靈信仰籠罩的時代，其文化發展的模式與科伯格所看到的個人認知在前習慣期與習慣期的發展模式相距甚遠，不可輕易比擬。因此羅茲從文化演進論去解釋「軸心時代」的出現也是很難成立的。

總之「軸心時代」這特殊的歷史文化現象發生的緣起因果，迄今找不到滿意的解釋，仍是充滿神秘的謎團，而且根據我們現在可能掌握的歷史資料與詮釋架構，至少在可及見的未來，這個「為什麼？」的問題似乎還很難有完滿的解答。

三、「軸心時代」的思想特徵

今天關於「軸心時代」的研究，根據現存的歷史文獻以及其他文化資料，比較可以作具體探討的問題是；「軸心時代」有那些共同的思想特徵？這些特徵對後世人類文化的發展有何影響？關於前面這個問題，最令人注意的是西方兩位學者，艾森斯塔特與史華慈(Benjamin I. Schwartz)提出的看法 [12]。他們在探討「軸心時代」的共同特徵時，都強調超越意識出現的重要性。他們都重視超越意識在人的思想上所形成的理想與現實的差距與緊張性，以及由此產生的深度批判意識與反思性。但是我覺得這種看法太寬泛，僅僅強調超越意識的出現尚不足以真正彰顯「軸

---

12 Benjam in I. Schwartz, "The Age of Transcendence", *Daedalus* 104, no. 2（Spring 1975）: 1-7; Samuel N. Eisenstadt, *The Origins and Diversity of Axial Age Civilizations*, 1-4.

心時代」的特徵。因為超越意識的出現並不完全限於「軸心時代」，至少就中國古代而言，如果我們以「天」的信仰為超越意識的標誌，則遠在中國的「軸心時代」以前的殷周之際與西周初年就有超越意識出現。此外，古希伯來以耶和華一神信仰為代表的超越意識的首次出現，很可能要追溯到公元前1200年以前的摩西（Moses）先知時代，因此也遠較「軸心時代」的上限──公元前800年為早。因此，我認為想要認識「軸心時代」的思想特徵，不能只限於超越意識，而需要進一步看到由超越意識衍生的原人意識，後者才是「軸心時代」真正的思想創新。

甚麼是「超越的原人意識」？所謂「超越」是指在現實世界之外有一個終極的真實，後者不一定意味否定現實世界的真實，但至少代表在價值上有一凌駕其上的領域。在「軸心時代」這超越意識有一內化於個人生命的趨勢，以此內化為根據去認識與反思生命的意義，這就是我所謂的「超越的原人意識」。

誠然，對人的生命作反思，並不始於「軸心時代」，遠在這時代以前的西亞兩河流域的文化裡就出現一些神話，特別是有名的鳩格迷西（Gilgamesh）詩篇與阿達帕（Adapa）故事，都反映對人的生命與死亡有所反思 [13]。古埃及文明裡面也有一些文獻，如公元前1500年左右的《死亡書》（*Book of the Dead*）以及

---

13 關於Adapa神話，見Alexander Heidel, *The Babylonian Genesis*, 2d ed. (Chicago: University of Chicago Press, 1951), 147-153：關於Gilgamesh 史詩與Enumaelish神話，見同書：關於後者的分析，見Henri. A. Frankfort et al., *The Intellectual Adventure of Ancient Man*（Chicago: University of Chicago Press, 1946）, 168-183.

更早的「金字塔文」(Pyramid Texts)與「棺材文」(Coffin Texts)也含有對生命的道德意識與死亡的意義探究[14]。古希臘在「軸心時代」以前產生的荷馬史詩，也對人的性格與道德行為有些省思[15]。但這些反思以及隨之而來的價值意識與批判意識都只是枝節的或靈光一現的，因此與「軸心時代」的「超越的原人意識」有著不同層次的懸隔。後者是透過超越的內化，發現生命有內在的精神本質，由此得以奠定人之所以為人的基本認同，並進而對生命的本質與本原作一根源式的體認，從此把人類文化提升到空前的高度，也開啟了一個新的發展階段。

這種「超越的原人意識」（以下簡稱原人意識）在各個古文明的「軸心時代」有著不同發展，也以不同形式出現。在古希臘，這出現的過程是逐步的演化。一方面從荷馬史詩中所展現的人間性很強的神祇世界，經過蘇格拉底以前哲學思想中超越意識的萌芽，終於在蘇格拉底所開啟的希臘古典哲學裡，神的觀念以超越的形式出現，同時由荷馬史詩經過希臘悲劇思想與蘇格拉底以前的哲學思想發展，以及神秘宗教如Orphism的影響，到古典哲學思想問世，個人內在的心靈與靈魂(psyche,nous)觀念終於與超越意識結合而形成超越內化的思想趨向。在這思想趨向主導下，希臘古典哲學視生命為道德精神的提升、一條

---

14 Eric Voegelin, "Egypt", chap. 3 in *Israel and Revelation*, vol. 1 of *Order and History*（Baton Rouge: Louisiana State University Press, 1956）, 52-110.

15 Bruno Snell, "Homeric View of Man", in *The Discovery of the Mind: The Greek Origins of European Thought*, trans. T. G. Rosenmeyer（New York: Harper & Row, 1960）, 1-22.

德性追求的歷程[16]。

「軸心時代」的希伯來文化也有類似的發展，首先是由公元前十三世紀的摩西先知到公元前八至七世紀的先知運動（Prophetic Movement）。在這發展的過程中，猶太民族信仰的雅威（Yahweh），由宗族部落的神，演變爲普世性的上帝信仰，形成強烈的超越意識，同時對雅威的禮拜也逐漸由外在的儀式，轉移爲由慈愛與公正所代表的內在德性的培養，特別是先知耶利米（Jeremiah）所提出的觀念：上帝的道德旨意是嵌印在人的內心[17]，配上猶太教認爲上帝以自己的形象塑造個人的觀

---

16 古希臘文化與思想的研究，長期以來在觀念上常常受到一種限制，那就是認爲古希臘文化是西方理性主義的源頭，而所謂理性，在西方近代以科學爲主導的文化影響之下，主要是指科學與世俗理性。因此，古希臘文化的理性主義也常常順著現代科學理性的思路被解讀，而受到過於簡化的曲解。不錯，古希臘文化裡面是有科學理性的源頭，但它的理性觀念很複雜，並不限於此。自三〇年代以來，現代西方學界出現了一系列的專著，特別是Werner Jaeger與Bruno Snell的巨著，已經對於過於「現代化」的古希臘研究作了重要的修正，把古希臘文化裡面的所謂「非理性」的成分，特別是宗教與精神層面，作了重要的澄清和彰顯，因此今天我們知道在古希臘的理性主義裡面，超越意識有著關鍵性的地位。見Werner Jaeger, *Paideia: The Ideals of Greek Culture*, 3 vols. (New York: Oxford University Press, 1939-1944)，與*The Theology of the Early Greek Philosophers* , trans, Edward S. Robinso (Oxford:Clarendon Press, 1947)與Bruno Snell, *The Discovery of the Mind: The Greek Origins of European Thought*; Eric R. Dodds, *The Greeks and the Irrational* (Berkely and Los Angeles: University of California Press, 1951); Eric Voegelin, *The World of the Polis*, vol. 2 of *Order and History*; *Plato and Aristotle*, vol. 3 of *Order and History* (Baton Rouge: Louisiana State University Press, 1957).

17 Abraham J. Heschel, *The Prophets: An Introduction* (New York: Harper & Row, 1969)，特別是chap. 6 "Jeremiah".

念，先知運動所產生的不只是猶太人自以上帝選民的身分去代
表全體人類傳達上帝的德旨的天責感，它也是日後基督教傳統
相信超越內化通向個人生命德化這一信仰的本源。天路歷程因
此也是生命的德性之旅 [18]。

　　古印度文化的「軸心時代」的思想突破，是以婆羅門教的
《奧義書》思想與佛教思想的出現為代表。先就《奧義書》的
思想而言，一方面是超越意識的湧現，表現為大梵天(Brahman)
的信仰。所謂大梵天是指印度教相信宇宙有一個終極真實，這
終極真實雖然超越萬有，凌駕神靈之上，卻也潛藏在人心靈最
深處(atman)而形成他的本質。因此，相對於外在的超越有一個
內在的本質，而二者實為一體。由這超越的境界去看，人世與
人生都是陷於生死輪迴的幻境。根據這樣一個架構，《奧義書》
也認為生命是一條內在的精神提升的道路，把生命由輪迴的幻
境超拔出來，而獲得解脫 [19]。原始佛教對生命也有同樣看法，
視之為一條內在精神轉化的途徑，由生死輪迴所構成的幻境通
向超越的涅槃境界。不錯，佛教對於《奧義書》的思想有一自
覺的修正，那就是不承認內在超越有客觀的存在，也就是否認
個人有任何內在的心靈實體，同時也對客觀的外在超越是否存
在避而不談。但是我認為這只是因為原始佛教是扣緊個人主體

18　Eric Voegelin, *Israel and Revelation*, vol. 1 of *Order and History*, 380-515.
19　Heinrich Zimmer, *Philosophies of India*, ed. Joseph Campbell (Princeton,
　　N. J.: Princeton University Press, 1951), 355-378; Troy Wilson Organ,
　　The Hindu Quest for the Perfection of Man (Athens, Ohio: Ohio
　　University, 1970), 3-35, 59-88, 153-175, 205-247.

對生命的感受與實踐而立論，不願落入把生命當作客觀對象去
討論的玄談。但若仔細考量原始佛教四聖諦與八正道所蘊涵的
意義結構，它與《奧義書》的思想大同小異，仍然是以超越意
識爲前提，視生命爲一條內在精神提升的道路[20]。而這也是日
後大乘佛教所開闢的思想道路。

　　就中國的「軸心時代」而言，「超越的原人意識」主要出
現於先秦儒家與道家思想。在《論語》所反映的孔子思想裡面，
天與天道所代表的超越意識已是很重要的發展，而同時《論語》
的思想也很清楚地蘊涵人有內在精神的一面。在《論語》以後
的儒家思想裡，特別是在子思與孟子這一條思想傳承裡，天道
與心性這兩路的觀念逐漸聯繫在一起[21]。也可以說，超越的天
道已經內化於個人的內在心靈。相應於這個思想發展，儒家同
時也把生命視爲內在的精神攀升的道路。

　　道家思想也有同樣的發展，由老子開其端，而在莊子思想
裡完成。一方面是超越的道，但老莊都認爲道在人世已經受到
隱蔽而淹沒不彰，由此生命變得汩沒而失去本源的寧靜與和
諧。另一方面是內在的心靈，道家這方面的思想至莊子始彰顯
出來。莊子認爲心是生命的關鍵，當心被欲望纏繞與窒錮時，

20　Heinrich Zimmer, *Philosophies of India*, ed. Joseph Campbell (Princeton, N. J. : Princeton University Press, 1951), 464-559.

21　Hao Chang, "Some Reflections on the Problems of the Axial-Age Break-through in Relation to Classical Confucianism", in *Ideas Across Cultures, Essays on Chinese Thought in Honor of Benjamin l. Shwartz*, ed. Paul A. Cohen and Merle Goldman (Cambridge. Mass.: Harvard University Press, 1990), 17-31.

生命就變得汩沒而迷失，但心可以是生命汩沒之源，也可以是
承受超越的道的內在機制，由心的轉化，可以與道在精神上相
契合，而使生命回歸到本源的和諧與寧靜。因此在莊子的思想
中，生命也是一條內在精神超脫的道路[22]。

　　根據我上面對各「軸心時代」的思想突破的綜述，「超越
的原人意識」大約有下列共同特徵：（一）原人意識對人的體認
與反思，不是以某一屬於特定階層、特定種族、特定地方的人
或有著特定信仰的人為對象，而是以人的生命本身或者人類的
共相為對象。這是人類歷史上普世意識（universalism）的萌芽。
（二）相應於超越意識的體認，原人意識有一個內化的趨勢，也
就是說，視人的生命有內外兩個層面──內在精神層面與外在軀
體層面，內在的精神層面是超越意識進入個人生命的結果，它
凝聚為生命的核心，是與超越銜接的樞紐。（三）受超越意識的
啟發，以內在精神樞紐為主導，生命變成一個有定向、有目標
的道路──一個發展過程。（四）這一發展過程都隱然有一三段結
構：一端是現實生命的缺憾；另一端是生命的理想與完成；連
結於二者之間的是生命發展與轉化的道路。（五）生命自我完成
的目標，透過內在精神樞紐的媒介是植基於超越意識，因此在
原人意識中，人的生命發展有其無限性、終極性與完美性。以
上五點是環繞超越內化的觀念而展開，可以說是由「超越的原
人意識」產生的生命的原始理念模式，也可稱之為超越的理性
主義（transcendental rationalism），它不但是各「軸心時代」思想

22　徐復觀：《中國人性論史‧先秦篇》（台中：東海大學，1963），頁358-414。

創新所共有的一個特徵。也是世界前現代(premodern)這個主要
文明的一個思想泉源。

四、「軸心時代」的影響

　　一般學者在討論「軸心時代」時，因爲受韋伯的影響，很
容易只注意這些不同文化的世界觀取向，也就是說這取向是入
世的或者出世的，而忽略了這世界觀背後的原始理念的內涵結
構。實際上後者的重要性絕不亞於前者，至少在兩方面，它對
後世文化的發展有極重要的影響：

　　(一)就道德文化而言，它開啓了後世的 「德性的精神倫
理」。如上所示，生命的原始理念呈現一個有著三段結構的發
展過程，這發展過程的一個重要面向當然是道德。不錯，這道
德面向在不同軸心文化的重要性有著程度的不同，例如這面向
在印度文化傳統裡就不如在中國與西方那樣突顯，但誰也不能
否認它是印度「軸心時代」所開啓的生命道路(sādhanā)的理念
中的基本一環[23]。因此在各文化中，這德性的精神倫理也有著
三段結構，表現於下列的圖式：現實生命所展現的自我→道德
轉化的途徑→道德自我的實現與完成[24]。不用說，這三段模式

23　Troy Wilson Organ, *The Hindu Quest for the Perfection of Man*（Athens,
　　Ohio: Ohio University, 1970）, 220-221.

24　關於亞里士多德的精神倫理所展現的三段結構以及其在西方近代以
　　前德性倫理的主導地位，見Alasdair MacIntyre, *After Virtue*（Notre
　　Dame, Ind.:Univeristy of Notre Dame Press, 1984）, 51-61, 131-180.

在各文化裡都有不同的道德內容，但如果我們抽離後者，可以
看到這種精神倫理的目標都是實現超越世俗的理想人格，也可
說它代表一種以聖賢英雄為企向的精神倫理，這種倫理我們可
稱之為「超凡倫理」或者「非常倫理」，以別於在近現代世界
日益普及的世俗倫理。後者也是韋伯與泰勒(Charles Taylor)所
謂的「日常倫理」(ethics of ordinary life)，它起源於基督教新教
倫理所衍生的變種，主要指以家庭與工作為生活中心的行為規
範[25]，這種規範在近現代世界發展的過程中逐漸失去德性倫理
原有的內在深度性，也就是對內心精神轉換的重視。而「非常
倫理」正是要求超越家庭生活與職業工作的需要，在道德精神
層面，對人格作一質的轉換。不錯，日常倫理在近現代世界的
影響越來越大，但誰也不能否認：由「軸心時代」所開啟的非
常倫理，以不同的形式仍然在西方、中國、印度以及世界其他
文化地區，一直維持一種行為典型的地位。

　　就西方而言，這種「非常倫理」在近現代以前的道德文化
裡所占有的重要地位是很顯然的。西方近代以來，一方面因為
超越意識在西方文化逐漸隱退，另一方面，由於德性倫理後面
的精神信念與理性基礎日趨動搖，德性倫理的影響自然在銳減
中。就其作為社會一般的行為規範而言，它的分量當然不能與
日常倫理相比。但就西方現代的倫理思潮而言，它仍不失其主
要的地位[26]。

25　Charles Taylor, *Sources of the Self* (Cambridge, Mass.: Harvard University Press, 1989), 211-302.
26　*Ibid.*, 111-304.

在印度文化傳統裡，自「軸心時代」以來，德性的精神倫理有著更持久的影響。《奧義書》所凝聚的原始理念與德性倫理，透過不同的管道，如史詩《神讚》（*Bhagavad Gita*），以及印度中世紀以來根據對《奧義書》不同的詮釋所形成的各種宗教學派，在近代印度的文化領域裡仍維持很深廣的影響。最明顯的例子就是甘地所代表的印度獨立運動，充分反映發源於「軸心時代」的德性精神倫理在近代印度的道德文化裡仍然是一股鮮活的力量[27]。

中國在「軸心時代」產生的德性倫理，特別是透過儒家思想的傳承，對傳統的道德文化所發生的深遠影響，是盡人皆知的事實。即使在近現代，儒家道德體系受到極大的衝擊，但受到震盪最深的是儒家以禮為代表的儀範倫理。而儒家的德性倫理，雖然就特定的聖賢君子的人格理想的實質而言，影響已減弱許多，但追求一個理想的人格與社會的精神動力似乎並未動搖。百年來，革命這條思想道路，所展現的志士精神與烈士精神以及烏托邦的理想，就含有不少德性倫理追求終極與完美的精神酵素。

總之，綜觀現代三個主要文明地區的道德文化，絕非是日常倫理全面壟斷。「軸心時代」所引發的德性倫理與非常倫理仍然是人類道德文化的主要思想資源。同時在今天普世倫理的討論中，它也勢必成為一個重要的參考體系[28]。

（二）「軸心時代」的「超越原人意識」，不但對後世的道

27　Troy Wilson Organ, *The Hindu Quest for the Perfection of Man*（Athens, Ohio: Ohio University, 1970）, 153-175.

28　參見前引A. MacIntyre. *After Virtue.*

德文化，而且對後世的政治文化也有突破性的影響。要認識這
影響，我們必須以古代世界文明的一個重要歷史事實爲出發
點，那就是在古代世界文明的三大中心都存在一種特殊的王權
制度，其最大的特色是它奠基於一個信仰：地上的王權是根植
於神靈的世界，也就是說王制是人世與宇宙秩序銜結的樞紐。
惟其如此，王制才有它的第二個特徵：政教合一。在這種體制
之下，國王是政治領袖，也是宗教領袖，是人王也是法王。這
種體制可稱之爲「宇宙王制」(cosmological kingship) [29]。

　　古代雄峙西亞與東地中海地區的兩大政治圈——古埃及以
及近東兩河流域前後崛起的大帝國，都是以宇宙王制爲其政治
制度的核心 [30]。在古印度文明裏，政治領域的重要性次於宗教
的領域，王權的發達遠不如近東的大帝國。但是宇宙王制也是
古印度政治領域裏的一環，例如在「軸心時代」來臨以前，籠
罩古印度的吠陀(Vedas)思想的一個重要成分——國王加冕儀禮
(Rajasuya)，就反映宇宙王制的存在。因爲其繁複的儀式的主
旨，是透過國王的加冕儀式使宇宙秩序定期復甦重振，這主旨
很清楚是以宇宙王制的基本觀念爲前提：王制是銜結人世與宇
宙秩序的樞紐 [31]。

　　宇宙王制在古代中國的重要性是顯而易見的。甲骨文所見
的殷王祭祀，殷王不單是上通神靈世界的管道，也是合政教於

---

29 Eric Voegelin, *Israel and Revelation*, vol. 1 of *Order and History*, 16-110.
30 *Ibid.*, 13-45, 52-110.
31 David R. Kinsley, *Hinduism* (Englewood Cliffs, N. J.: Prentice Hall, 1982).111-116.

一身的君王。西周以降，以天子爲稱號的普世王權更清楚地反映宇宙制在中國文化裏的核心地位 [32]。

以宇宙王制爲古代文明的制度背景去看，「軸心時代」的一個重大意義在於制度突破的契機出現。而這突破的關鍵就在於原人意識中的超越觀念，以不同形式內化，形成人的生命有一個內在核心的理念，使得一種重要的政治意識在那個時代破天荒地出現：人的生命在宇宙王制之外，與超越有獨立而直接的關聯。如果宇宙王制在人世的權威主要繫於它是通向神靈世界的管道，則人的內在心靈也可因爲直接通聯超越而形成一個獨立的意義與權威的中心。這就是佛吉靈所謂的「心靈秩序」(order of soul) [33]。當然心靈秩序是否真能在人世發展爲一個獨立的意義與權威中心，形成二元權威，還要看別的文化條件是否存在，例如超越意識在形成的過程中是否有觀念上的夾纏與架空，以及超越意識內化以後的取向（例如是入世還是出世）等等，但至少「軸心時代」出現的超越內化的思想在政治文化中造成了二元權威中心的一個契機。

這個政治文化的契機在西方文明後來的歷史演變中是逐漸實現了。主要因爲在「軸心時代」，古猶太教內出現了先知運動，配上古希臘思想裡出現的超越內化的觀念，不但在古代

---

32 Hao Chang, "Some Reflections on the Problems of the Axial-Age Break-through in Relation to Classical Confucianism", in *Ideas Across Cultures, Essays on Chinese Thought in Honor of Benjamin I. Shwartz*, ed. Paul A. Cohen and Merle Goldman (Cambridge. Mass.: Harvard University Press, 1990), 17-31.

33 Eric Voegelin, *Plato and Aristotle*, vol. 2 of *Order and History*, 82, 85, 88.

近東的宇宙王制之外產生了高度的心靈秩序意識，而且把這意
識化爲一個獨立的政治社會權威中心思想的起點 34。這起點經
過日後西方文明的繁複發展，特別是中世紀時基督教會的演變，
終於制度化爲西方的政教分離與二元結構的歷史趨勢，也因此造
成西方近代以來發展民主與多元社會的一個重要因素 35。

印度在「軸心時代」以後的歷史發展雖與西方很有不同，但
也有其獨特的二元權威出現。首先，在「軸心時代」以前，印度
已有僧侶居四大階級之冠的社會。古婆羅門教的《奧義書》與佛
教思想出現以後，心靈發展的重要性自然在文化上特別受到強
調，誠然由此而產生的心靈秩序，因爲《奧義書》與佛教思想的
基本出世取向，並未與政治秩序形成尖銳的二元對立的緊張性，
但僧侶的崇高地位毫無疑問更形鞏固。因此，宇宙王制雖然存在
於古印度文明，它始終未能發展成爲強大的政治權威體制。總
之，「軸心時代」出現的心靈秩序可以幫助我們了解，印度傳統
的政治秩序一直被一個宗教傳統所凌駕，而處於較弱的地位。

在中國晚周的「軸心時代」，儒家與道家思想裡都曾出現
一些心靈秩序的意識，在思想上突破了宇宙王制的牢籠。道家
這種意識集中在《莊子》的「心」的觀念，於魏晉時代曾經產
生與政治社會權威在思想上的緊張性，反映於當時的自然與名
教之爭。就歷史的重要性而言，道家思想在這方面的發展不能
與儒家思想相提並論。原始儒家，從《論語》到《孟子》以及

34 Eric Voegelin, *Israel and Revelation*, vol. 1 of Order and History, 428-515.
35 Frederick M. Watkins, *The Political Tradition of the West* (Cambridge, Mass.: Harvard University Press, 1962), 31-177.

《禮記》中的《大學》、《中庸》，都清楚地顯示：天命與心靈這兩個觀念在逐漸地結合，形成一個在天子的政治權威之外有一個獨立的心靈秩序，由之而產生二元權威的思想契機。這契機在以後的儒家思想傳統裡的發展很不穩定，時隱時現，若斷若續，以致二元權威的思想一直未能在儒家傳統裡暢發與確立[36]。但契機始終潛存，因此近現代以後，在西方的自由民主思想催化之下，二元權威觀念的發展終於有了一些突破，在中國近代知識分子的政治意識裡發生了重要的影響，也反映了「軸心時代」對中國政治文化長程發展的歷史意義。

此外，在這裡應該特別指出的是：相應於「心靈秩序」與二元權威之契機的孳生，「軸心時代」也出現了不但就政治文化，而且就道德和知識文化而言影響人類歷史發展的一個非常重要的社會現象，那就是作為獨立社群的知識分子在人類歷史上第一次出場。上文提到，在「軸心時代」以前，舊大陸的幾個主要文明泰半是被「宇宙王制」的政教合一體制所籠罩，因此上層階級中的知識菁英，沒有文化條件與思想資源可以使他們從政治領導階層分化出來。即使在古埃及，上層統治階級含有強大的僧侶教士集團，但因為古埃及的法老(Pharaoh)體制是典型的宇宙王制，僧侶集團雖屬宗教領袖，仍是為埃及王服務，受其節制[37]。故大致而言，知識菁英作為獨立的社群是在「軸心時代」首次出

36 張灝：〈超越意識與幽暗意識——儒家內聖外王思想之再認與反省〉，載《幽暗意識與民主傳統》（台北：聯經出版事業公司，1989），頁36-56。
37 Eric Voegelin, *Israel and Revelation*, vol. 1 of *Order and History*, 52-110.

現，以超越的代言人的地位而與政治領袖有分庭抗禮之趨勢。從此這種傳統型的知識分子登上歷史舞台，在政治權威之外，有舉足輕重的地位。這是幾個主要傳統文明發展的一大特色。

大致而言，「軸心時代」以後，在各個主要文明傳統裡，傳統型的知識分子，在知識化(intellectualization)與例行化(routinization)的影響之下，分化為「先知」與「師儒」兩個類型，前者追踵「軸心時代」的知識分子的典型，繼續本著以超越意識為基礎的理念對政治社會的權威發揮不同形式與程度的批判意識，後者卻變成各文明傳統的經典學術的研究者與傳授者，往往不具政治與社會的批判意識。

降及近代，「先知型」的知識分子仍然很活躍，他們承襲來自傳統的天責感與使命感，認同現代文明的一些基本理念，特別是來自歐洲啟蒙運動的理念，繼續在歷史上舞台上扮演著重要角色。在世界許多地區，近現代所帶來的政治社會大變動，特別是法國、俄國、中國的三大革命，都與這傳統「先知型」的知識分子有密切關係。二十世紀中葉以來，隨著現代化加速展開，這種傳統「先知型」的知識分子的社會文化角色，頗有日趨隱晦之勢，代之而起的是人數日增的專業技術型的知識人，後者常常以他們的專業技術性的知識為社會各行業服務，但缺少文化的通識與理念去省察與批判現存社會結構的各種安排與措施，因此可以說他們往往無法與現存政治社會結構維持批判的距離，因而完全為之吸收。也許在此我可以借用近代馬克思學派的思想家葛蘭西(Antonio Gramsci)所謂的「有權型知識

分子」，但反其意而用，去稱謂這類型的現代知識分子 [38]。

在當代社會，這一類型的知識分子不但人數眾多，散布於社會各層面，而且有領導社會、主持政府的趨勢，這種情形與現代社會失去大方向而有畸形發展很有關係。因此近年來西方有識之士呼籲現代社會需要「公共知識分子」(public intellectual)，強調知識分子對社會要有關懷，同時又能超越專業知識的局限，以人文通識與文化理念來認識社會的需要，對政治社會作省察與批判 [39]。今天要產生這類型知識分子的文化條件當然與傳統型的很不同，但無可否認，「公共知識分子」在精神與理念上是很接近傳統「先知型」的知識分子，可以說是後者在現代世界的翻版，可見「軸心時代」所形成的人格典型與社會類型，在今天仍有重大的時代意義。

就政治文化而言，「軸心時代」出現的超越內化觀念還間接產生另外一種思想發展，對於近現代世界的意義尤其重大。因為這個觀念使得超越意識所涵有的終極意識與無限精神，變成人的內在本質的一部分，從而產生一個理念：人的生命可以有著徹底的自我轉化能力，如果配上入世取向，這種自我轉化的觀念很容易進而形成另一種觀念——由群體的自我轉化可以通向人世的改造與完美的理想社會的出現。這就是現代社會大

38 Antonio Gramsci, *The Prison Notebooks: Selections.* trans. Quintin Hoare and Geoffrey Nowell-Smith(New York: International Publishers, 1971), 4.
39 「公共知識分子」(public intellectual)這一名稱是美國學者Russell Jacoby於1980年代末期所創。見Russell Jacoby, *The Last Intellectuals: American Culture in the Age of Academe* (New York: Basic Books, 1987).

革命的一個間接的重要思想種因。在印度文化裡，這種群體自
我轉化與入世取向，由於它強烈的出世精神而未能彰顯。但二
者在西方的與中國文化裡透過不同的發展，有著不同程度的彰
顯。因此，近現代的三次社會大革命是在這兩個文化領域裡發
生，絕非偶然。

　　總之，今天從人類文化長程的發展去看「軸心時代」，首
先就其特徵而言，我們必須不以一些概括性的認識，如超越性、
批判性、反思性等觀念自限，而能進一步看到「超越的原人意
識」是那時代幾個主要文明的思想突破的共同特徵；同時，只
有透過原人意識，我們才能真正具體地看到「軸心時代」對後
世的影響與其歷史地位。就歷史影響而言，我在上面已經約略
地說明了原人意識對後世道德文化與政治文化的重大意義。同
樣重要的是，由原人意識所產生對人的了解的一些基本觀念與
問題，在今天以及在未來仍具有活生生的意義，例如知識分子
與政治社會權威的關係問題，德性倫理在人類未來的道德生活
裡的地位，以及人類道德價值的普世性，都可以從「軸心時代」
的原人意識的觀點得到新的啟發。因此，我認為「超越的原人
意識」是今後進一步研討「軸心時代」在人類文化史上的重要
地位與意義的一個起步點。

革命的教訓──中華人民 共和國成立五十年有感

　　1976年毛澤東逝世，四人幫垮台，文革隨之落幕，這一連串的事件結束了中國現代史上的革命時代，也結束了世界史上由十八世紀晚期開始的近代革命傳統。人類的未來仍然會有巨大的變革與動亂發生，但至少在可見的將來，像法國大革命與二十世紀的俄國與中國共產黨革命那樣，以專斷的政治力量對人類的群體與個人生活作全面而徹底的改造，大概是不可能了。希望今後的人類歷史發展不會推翻我這論斷。

　　這樣看來，1976年文革的結束，不但是中華人民共和國50年發展過程中的一個分水嶺，它也是人類現代史上的一個里程碑。從這宏觀的歷史角度去看文革以及它後面的革命傳統，更能發掘它的經驗教訓。

　　文革的經驗教訓，就政治及經濟社會層面而言，是很顯然的。但要深切領會這些教訓，必須從它的思想根源著眼，特別是這根源上那份對人性與人力的無限樂觀與自信。這種極端的

人本意識，不是文革的特產品，也不是毛澤東偶發的狂想，而是世界革命傳統中出現的一些基本觀念，由文革加以極端地推演與應用而已。這些觀念最初出現於歐洲十七世紀。從那時起，經過科學革命與知識革命，再加上十八世紀啓蒙運動，西方近代文化不但對人類的智能產生了「人力無邊，人定勝天」的信念，同時在人類的道德精神上，也產生了沖天的理想主義，相信人不但可能征服自然世界，而且也可以改造人性與人世。因爲這些觀念的出現，歐洲傳統以往主要建築在文學幻想與宗教理念上的「軟性烏托邦主義」也轉變成相信可以由人力，特別是人的政治力量，去創造人間天國的「硬性烏托邦主義」。這種烏托邦思想以及它後面的極端人本意識，盤據在近代的革命傳統裡，形成它的一個基本思想。

這些思想是在轉型時代（1895-1925）逐漸流入中國的知識界，與來自儒家傳統以經世爲理念的世界觀匯合。這個世界觀，在天人合一的宇宙觀的影響之下，也有一種對人的德性極爲自信的「人極意識」，認爲人有先天內在的道德精神，發揮出來，可以把個人與群體的生命提升到至善。東西方兩種極端的人本意識，相互催化，相互激盪，形成「五四」前後出現之革命思想的一個主要資源。

這種中西合璧的「人極意識」，毛澤東早年在湖南師範念書時寫的劄記，就已經顯露出來。一方面是對人力的崇拜，另一方面是蘊有強烈道德理想主義的「聖人情結」。因此，他在當時曾經說出這樣的話：「服從神，何不服從己？己即神也，己之外，尚有神乎？」這種「人的神化」的觀念，不是毛澤東

獨有的,而是在二十世紀前半期中國知識界有相當代表性的思想趨勢,深深地影響著中國現代的革命傳統。

極端的人本意識,既然強調人的神性,自然看不見人性中的魔性與陰暗面,既然強調人的無限性,自然看不見人的有限性。而人的有限性與陰暗面畢竟是無法超越的。無法超越而拚命要超越,拚命要在有限的人裡面,弄出一個無限大來,終於闖下滔天大禍。這就是革命傳統的悲劇,至文革而臻於頂峰。

現在文革已成過去,革命傳統也逐漸從歷史隱退,人類能否真正汲取這份革命的教訓?這是下一個世紀,也是下一個紀元(千年),給我們的考驗。

不要忘掉二十世紀！

　　1990年代以來，海內外中國人的圈子裡常常流行一句話：
「二十一世紀是我們中國人的！」任何一個對中國近現代歷史
稍有所知的人都不會對這句話感到驚異，因爲它反映中國人百
年來常有的一個心態。這個心態就是一位五四知識分子所謂的
「未來之夢」。

　　大約說來，這種「未來之夢」有兩種。一種是來自中國人
的記憶深處。在傳統儒家的道德理想主義的影響之下，中國人
熱望一個烏托邦式的大同社會在未來出現，這種熱望我們可稱
之爲「大同之夢」。另一種是來自中國人的情感深處，在反帝
的民族情緒籠罩之下，中國人渴望有朝一日能在國際間揚眉吐
氣，變成一個富強大國。這種渴望我們可稱之爲「富強之夢」。

　　百年來「大同之夢」時隱時現。「文革」這場大劫難以後，
這種夢似乎爲之沖淡不少。但「富強之夢」卻一直活在中國人
的心底，隨時因外界環境的刺激而浮現。例子不少，且看二次
大戰以後，中國人是多麼熱中躋身於「五強」之列！1949年以
後，中國人是多麼熱望「東方紅」，如今隨著海峽兩岸近年來

的經濟起飛，中國人又急切地巴望稱霸下一世紀！

因此，「二十一世紀是我們中國人的」這句話，不過是我們百年舊夢的新版。中國人在近現代歷經種種挫折與屈辱之後，做這種夢原是可以了解的，我們所擔心的是這種夢也可反映另一種態度。不是嗎？當大家期盼二十一世紀來臨的同時，我們也常常聽到「忘掉它，向前看」的聲音。

我第一次聽到這句話似乎是在大陸上文革收場以後，當時有人提議為文革這場大災難建立一個紀念堂，得來的反應卻主要是這個聲音。其實這個聲音所代表的態度在現代中國並非第一次出現。記得抗日戰爭結束以後，一般人對方才過去的這場劫難似乎毫無興趣追思反省，很快地將之置諸腦後。因此1945年以後，不論是舊的國民黨政府或者新的共產黨政府都對日本侵華的暴行能夠採取「不予深究」的「寬大」態度，絕非偶然！

從長遠看來，「忘掉它，向前看」似乎是二十世紀中國人對重重劫難的典型回應。不錯，當劫難臨頭時，中國人往往會慷慨激昂，捶胸頓足一番，但是一旦事過境遷，激情很快化為淡忘。百年來我們似乎常常徘徊在激情與淡忘之間，而悲劇也似乎不斷地在這片土地上循環上演！

說也奇怪，我們是一個古老的民族，是一個自認為極富歷史感的民族，是司馬遷、司馬光的子孫。但我們卻對當代的歷史這樣健忘，對我們的記憶這樣輕率地加以鎖封！

每當我想起近代西方的一些民族，特別是猶太民族如何珍視他們在二十世紀的歷史遭遇，現代中國人這種健忘的心態，不但使我大惑不解，同時也使我深感慚愧！同是古老而有深厚

歷史感的民族，同是在二十世紀歷經劫難的民族，猶太人對他們當代歷史的態度卻與我們完全不同。

如所周知，猶太人是人類歷史上極為不幸的民族。在累世的流亡與飽受異族的歧視之後，二十世紀又給他們帶來了空前劫難。1941至1945年德國納粹對歐洲猶太人發動了舉世震驚的「滅種大屠殺」（Holocaust）。六百萬猶太人慘死於集中營，猶太民族的文化與社會精華幾乎全部付之一炬！大浩劫也變成猶太文化的大斷裂！

這番浩劫，自二次世界大戰結束以來，變成全世界猶太人的思想與情感的凝聚點。他們嘔心瀝血，念茲在茲，不惜代價去搜尋見證，蒐集文獻，以期在記憶中重建與保存他們的災難歷程。不但如此，他們還要從文學、藝術、宗教、哲學各個角度，去反省與發掘這浩劫的歷史意義，因為他們相信「滅種大屠殺」不僅只是反映猶太民族的劫難，也是人類罪惡的空前表現。透過這場劫難的發生，人類可以看見自己的陰暗面與罪惡性。為了人類長遠的福祉，他們要後世永遠牢記這陰暗面與罪惡性，吸取教訓，引為警戒。

今天距當年的「滅種大屠殺」已是半世紀以上，而猶太人對它的紀念與追思仍然絲毫不鬆懈。兩年前轟動世界影壇的一部電影——「辛德勒的名單」（Schindler's List)就是一個顯例。幾乎同時，猶太人在美國首都華盛頓成立一個專門紀念其浩劫的博物館，裡面仿照納粹集中營的建構，把當年猶太人死難的慘劇一幕幕、活生生地複製重演。為二十世紀人類的苦難與罪惡作見證、敲警鐘，猶太人確實盡了他們的責任。

從這個角度回頭看同時代中國人對自身遭遇的冷漠與健忘，確實令人吃驚，因為這遭遇所反映的苦難與罪惡絕不下於猶太人的經歷。就以二次大戰而論，中猶兩民族都是主要犧牲者。在這次戰爭中，全世界猶太總人口的三分之一死於納粹的屠殺。中國人的死難在總人口中的比例也許不能與猶太人相比，但是日本侵華的無數大小暴行，直接間接所造成的毀滅之大與苦難之深，恐怕也不讓於猶太人的浩劫，同為二次大戰中最黑暗的一頁。

不可忘記的是：二十世紀在人類罪惡史與災難史上，除了世界大戰之外，還創了另一項空前的紀錄，那就是共產主義所引發的世界革命與極權政治的狂潮。這狂潮長期地吞捲了中國，也造成無比的災難。中國人這段慘痛經驗卻不是猶太人所有的。

二次大戰中猶太人遭受到的迫害與殘暴，主要來自種族仇恨與宗教偏見。因此，至少就動機的根源而論，納粹對猶太人的迫害我們還可以勉強想像、勉強理解。但是中國人在共產主義的社會革命中所經歷的悲劇，卻往往超乎我們的想像與理解。

因為誰也不能否認共產主義革命的出發點是一些美好的理想，誰也不能否認這革命的過程常常是受到人民自動自發的熱情支持及參與，然而就在這樣的革命過程中出現了不可解釋的罪惡與兇殘：善良的人變成魔鬼，天真無邪的青少年變成殺人兇手，親朋好友，乃至骨肉手足變成仇敵。從納粹的軍國主義與種族偏見裡產生罪惡與兇殘，我們並不驚異，但是從美好的理想與純真的熱情裡產生罪惡與兇殘，我們就無法想像與理

解。因此，二十世紀中國人所經歷的悲劇與猶太人的「滅種浩劫」同是人類罪惡史上獨特的一頁，它以空前的震撼與嚴酷警告世人：人類最危險的敵人就是他們自己。

記取這份教訓對於現代中國人的意義尤其重大。因為我們來自一個有著強烈理想主義的文化傳統。在這種文化傳統影響之下，中國人長久以來常常不能正視人的罪惡性，對人世的陰暗面也缺乏足夠的警覺。這曾經是我們文化傳統的一個基本限制，到今天仍然未能擺脫。前面提到現代中國人對災難的回應常常徘徊於激情與健忘之間，這就是很好的例證。激情代表我們對災難有強烈的反應，健忘代表我們受到文化的限制，不能透視災難所反映的人性與人世的陰暗面。因此激情無法化為持久的自覺與警惕，一旦災難過去，淡忘自然隨之而來。

從這個歷史文化背景看來，中國人更不能忘記二十世紀帶給我們的這段經驗。假如我們能夠透過這段經驗，看到我們從前未能看到的，學習到我們從前未能學習到的，從而增加我們對人性與人世的警覺與防範，或許中國人在未來可以少受些災難，少吃些苦頭，而中國人在二十世紀所付出的犧牲，所承受的苦難也因此而不至於完全白費。

二十世紀很快就要走到盡頭了。中國人能從兩次浩劫中活過來，能從無數災難中走過來，這就是希望。但這希望必須是經過苦難提煉的，必須是由憂患感升華的。因此寄語熱望下一世紀的朋友們，可以「向前看」，但不能「忘掉它」！可以展望二十一世紀，但不能忘掉二十世紀！

二次大戰後，猶太人在慕尼黑(Munich)為死難的600萬同胞

樹立了一個紀念碑，那碑上刻著一位西哲的名言：「忘掉歷史的人，勢將重蹈歷史覆轍」（Those who forget history are condemned to repeat it）。這句話也是為我們中國人說的！

中國近代思想史的轉型時代

　　所謂轉型時代，是指1895-1925年初前後大約30年的時間，這是中國思想文化由傳統過渡到現代、承先啓後的關鍵時代。在這個時代，無論是思想知識的傳播媒介或者是思想的內容，均有突破性的巨變。就前者而言，主要變化有二：一爲報刊雜誌、新式學校及學會等制度性傳播媒介的大量湧現；一爲新的社群媒體——知識階層（intelligentsia）的出現。至於思想內容的變化，也有兩面：文化取向危機與新的思想論域（intellectual discourse）。

新的傳播媒介

（一）制度性傳播媒介的出現與成長

1. 報刊雜誌

　　1895年以前，中國已有近代報刊雜誌的出現，但是數量極少，而且多半是傳教士或者商人辦的。前者主要是有關教會活動的消息，後者主要是有關商業市場的消息。少數幾家綜合性

的報紙，如《申報》、《新聞報》、《循環日報》，又都是一些當時社會的「邊緣人士」，如外國人或者出身買辦階級的人辦的，屬於邊緣性報刊(marginal press)，影響有限。

1895年以後，最初由於政治改革運動的帶動，報刊雜誌數量激增。根據布里滕(Roswell S. Britton)的統計，1895年中國報刊共有15家。1895-1898年間，數目增加到60家(我個人的統計是64家)，1913年是487家，五四時代數量更為激增。根據當時《中國年鑑》(China Year Book)的估計是840家，《申報》認為有1134家，而1917年美國人伍德布里奇(Samuel I. Woodbridge)在《中國百科全書》(Encyclopedia Sinica)給的數字是2000家[1]。據胡適的估計，僅是1919年，全國新創辦的報刊大約就有400種[2]。由此可見轉型時期報刊雜誌增長速度的驚人。

同時，新型報刊雜誌的主持人多出身士紳階層，言論受到社會的尊重，影響容易擴散。因此，這種新型報刊可稱之為精英報刊(elite press)。此外，這些新型報刊的性質與功能也與前此的「邊緣性報刊」有很大的不同：它們不但報導國內外的新聞，並具介紹新思想及刺激政治社會意識的作用。

轉型時代的傳播媒體，除了報刊雜誌之外，還有現代出版

1　湯志鈞，《戊戌變法史論叢》(武漢：湖北人民出版社，1957)，頁227-270；Roswell S. Britton, *The Chinese Periodical Press, 1800-1912* (Taipei: Ch'eng-wen Publishing Company, 1976), 127-128.

2　胡適，〈五十年來中國之文學〉，收在《胡適文存》(台北：遠東圖書公司，1953)，第二集，卷一，總頁255。

事業的出現。它們利用現代的印刷技術與企業組織大量出版與行銷書籍，對於當時思想與知識的散布以及文化的變遷也是一大動力。例如中國在二十世紀的前半期，有三大書局之稱的商務印書館、中華書局與世界書局都是在轉型時代成立。當時它們廣泛散布新知識、新思想的一個重要管道，就是替新式學校印刷各種教科書[3]。

2. 新式學校

大致說來，清朝這一段時期，書院制度比起宋明時代大為衰落。十九世紀以後，特別是太平天國運動結束以後，書院制度才有復甦的趨勢。但是教育制度大規模的改變，是1895年以後的事，首先是戊戌維新運動帶來興辦書院與學堂的風氣，設立新學科，介紹新思想。1900年以後，繼之以教育制度的普遍改革，奠定了現代學校制度的基礎[4]。一方面是1905年傳統考試制度的廢除，同時新式學堂的普遍建立，以建立新學制與吸收新知識為主要目的。當時大學的建立，在新式學制中的地位尤其重要。它們是新知識、新思想的溫床與集散中心。因此，它們在轉型時代的成長特別值得我們注意。

由1895年至1920年代，全國共設立87所大專院校。據估計，截至1949年為止，中國約有110所大專院校，因此可以說其中五

---

3 如莊俞，〈談談我館編輯教科書的變遷〉，《商務印書館九十年》（北京：商務印書館，1987），頁 62-72。

4 晚清這一變化可參考朱有瓛主編，《中國近代學制史料》（上海：華東師範大學出版社，1986），第一輯下冊，其中所收錄的資料。

分之四創立於轉型時代。尤其值得一提的是,在這87所大專院
校內,有21所公私立大學,幾乎包括了所有二十世紀中國著名
的大學及學術思想重鎮,如北大、清華、燕京、東南諸大學。
可見轉型時代是現代教育制度興起的關鍵時期[5]。

3. 自由結社──學會

　　所謂學會,是指轉型時代的知識分子為了探討新思想、散
播新知識並評論時政的自由結社。中國傳統不是沒有這種學術
性與政治性的自由結社,晚明東林復社、幾社就是顯例。但是
清朝建立以後,講學論政的結社為政府所禁止,雖然士大夫之
間仍然時有「詩社」這一類文學性的結社,但政治性的結社則
幾乎絕跡。1895年以後,隨著政治改革的開展,學會大興。從
1895-1898年,據初步統計,約有76個學會組織[6]。以後就整個
轉型時代而言,雖因資料缺乏,難以確計,但從許多零碎的報
導可以推想這種結社一定相當普遍。因為一般而言,學會這種
組織並不需要相當的人力與物力才能實現,它只要一群知識分
子有此意願就可以成立,而我們確知當時知識分子集會講學論
政的意願是很普遍的。因此,就傳播新思想、新知識而言,學
會在當時的重要性不下於報刊雜誌與新式學校。

5　Sun E-tu Zen, "The Growth of the Academic Community, 1912-1949," in
　　John K. Fairbank ed., *The Cambridge History of China* (Cambridge:
　　Cambridge University Press, 1986), 13.2: 361-421.

6　這些統計我是根據以下所列書目而得:張玉法,《清季的立憲團體》
　　(台北:中央研究院近代史研究所,1971),頁199-206;王爾敏,《晚
　　清政治思想史論》(台北:華世出版社,1969),頁134-165;湯志鈞,
　　《戊戌變法史論叢》,頁220-270。

在轉型時代，報章雜誌、學校與自由結社三者同時出現，互相影響，彼此作用，使得新思想的傳播達到空前未有的高峰。

長遠看來，這三種制度媒介造成了兩個特別值得一提的影響：一個是它們的出現是二十世紀文化發展的基礎建構（cultural infrastructure）的啓端，另一個就是公共輿論（public opinion）的展開。

近年來，中外學者常常討論所謂公共領域（public sphere）在中國近現代出現的問題。因爲十九世紀中葉以來，中央政府權力的萎縮，地方紳權的擴張，接管許多地方公益事業，同時外國租界在許多城市出現，形成一些「國家機關」以外的公共領域。但我認爲這些發展都只是導致公共領域的間接因素，而上述三種制度性的傳播媒介的出現才是直接因素。根據哈伯馬斯（Jürgen Habermas）對歐洲近代早期公共領域形成的典範研究，公共領域之出現直接反映了兩種現象：政治參與和理性批判（rational-critical）意識[7]。轉型時代輿論之形成，也正好反映了這兩種現象。那時，在一個沒有正式民主制度的社會裡，報刊雜誌、學校與學會都是政治參與的重要管道。同時，這些制度媒介，不論是透過傳統儒家「公」的觀念或是新的民族主義與民主自由觀念，都是以理性的討論來表達批判意識。就此而言，我們可以說，三種制度媒介所造成的輿論，代表公共領域至少在轉型時代有相當程度的出現。

7　Jürgen Habermas, *The Structural Transformation of the Public Sphere* (Cambridge: Polity Press, 1989).

(二)新的社群媒體——現代知識階層的形成

現代知識分子是甚麼樣的人？這是一個很有爭議性的問題。我個人認為，大約而言，知識分子是一群有如下特徵的人：(1)受過相當教育、有一定知識水準的人(此處所謂教育不一定是指正式教育，也可以指非正式教育，例如自修求學的錢穆、董作賓等人)，因此他們的思想取向比一般人高。(2)他們的思想取向常常使他們與現實政治、社會有相當程度的緊張關係。(3)他們的思想取向有求變的趨勢。

若與傳統士紳階層相比較，更可襯托出現代中國知識分子的特殊性。就其與現存的社會結構而言，傳統士紳是與他們來自的鄉土社會有著密切的有機關係。他們是當地社會的精英，不但在地方上具有各種影響力，而且參與地方政府，發揮許多不可少的行政與領導功能。而現代知識分子多半脫離了他們本鄉的鄉土社會，寄居於沿江沿海的幾個大都市，變成社會上脫了根的游離分子。他們所賴以活動或生活的組織，常常就是我前面所謂的三種制度媒介。

就其與當時政治權力結構的關係而言，傳統士紳階層透過考試制度一方面可以晉身國家官僚，另一方面也可留在鄉土，擔任地方領導精英，參與地方行政。因此，其與現存權力結構的互相依存關係大於相互牴觸的關係。反之，新式知識分子既因科舉制度在轉型時代初期罷廢，仕進階梯中斷，復又脫離鄉土，流寓異地，不再參與地方事務，他們既然與中央政府與地方政府都缺少有機關係，因此與當時政治權力中心相牴觸的可

能性要大於相互依存的關係。

就他們與傳統文化的關係而言，士紳階層的文化認同較高。他們自認把文化傳統維持與繼續下去是他們的天責，因此他們大致而言是「衛道」與「傳道」之士。而現代知識分子的文化認同就薄弱得多，主要因為西方文化進入中國，使得他們常常掙扎、徘徊於兩種文化之間。他們的文化認同感也就難免帶有強烈的游移性、曖昧性與矛盾性。

就現代知識分子與文化的關係而言，還有一層值得我們特別注意：那就是他們在文化上巨大的影響力。現代知識分子就其人數而論，當然不能與傳統士紳階層相比，但他們對文化思想的影響絕不下於士紳階層。這主要是基於知識分子與傳播媒介的密切關係。他們的社會活動往往是辦報章雜誌，在學校教書或求學，以及從事自由結社，如學會或其他知識性、政治性的組織。透過這些傳播媒介，他們能發揮極大的影響力。其影響之大與他們極少的人數很不成比例。因此轉型時代的知識分子，在社會上他們是游離無根，在政治上，他們是邊緣人物（余英時的話）[8]，在文化上，他們卻是影響極大的精英階層。所以要了解現代知識分子，一方面我們必須注意他們的政治邊緣性和社會游離性，另一方面也要注意他們的文化核心地位。這二者之間的差距可以幫助我們了解這些人的思想為何常常會有強烈的疏離感與激化的傾向，而與傳統士紳階層的文化保守性適

8　余英時，〈中國知識分子的邊緣化〉，收在氏著，《中國文化與現代變遷》（台北：三民書局，1992），特別是頁39-45。

成對比。

　　根據上面的分析，不論是從政治、社會或文化的角度看，現代知識階層都與傳統士紳階級有著重要的不同。大體而言，這一階層主要是在轉型時代從士紳階級分化出來，在二十世紀的政治、社會與文化各方面都扮演重要的角色。特別是在散布新思想方面，他們是主要的社群媒體。

思想內容的變化

　　大致說來，轉型時代中國知識分子的思想內涵也產生了巨大的變化。一方面，中國文化出現了空前的取向危機；另一方面，一個新的思想論域（intellectual discourse）也在此時期內浮現。

（一）文化取向危機的出現

　　轉型時代是一個危機的時代。1895年以後，不僅外患內亂均有顯著的升高，威脅著國家的存亡，同時，中國傳統的基本政治社會結構也開始解體。這方面最顯著的危機當然是傳統政治秩序在轉型時代由動搖而崩潰，這個在中國維持數千年的政治秩序一旦瓦解，使得中國人在政治社會上失去重心和方向，自然產生思想上極大的混亂與虛脫。這裡必須指出的是：我們不能孤立地去看這政治秩序的崩潰，政治層面的危機同時也牽連到更深一層的文化危機。因為傳統中國的政治秩序是建立在一種特殊的政治制度上，這就是所謂的普世王權（universal kingship）。這種政治制度不僅代表一種政治秩序，也代表一種宇

宙秩序。易言之，它是植基於中國人根深柢固的基本宇宙觀。因此，普世王權的崩潰不僅代表政治秩序的崩潰，也象徵基本宇宙觀受到震撼而動搖。重要的是，在轉型時代，與這基本的宇宙觀一向縉合在一起的一些儒家基本價值也在受到侵蝕而逐漸解體。也就是說，當時政治秩序的危機正好像是一座大冰山露在水面的尖端，潛在水面下尚有更深更廣泛的文化思想危機。這危機就是我所謂的取向危機。

所謂取向危機是指文化思想危機深化到某一程度以後，構成文化思想核心的基本宇宙觀與價值觀隨著動搖，因此人的基本文化取向感到失落與迷亂。1895年左右，四川一位知識分子宋育仁，面對當時的文化危機曾說過下面一段話，很能道出我所謂取向危機的端倪：

> 其（指西學）用心尤在破中國祖先之言，為以彼教易名教之助，天為無物，地與五星同為地球，俱由吸力相引，則天尊地卑之說為誣，肇造天地之主可信，乾坤不成，兩大陰陽，無分貴賤，日月星不為三光，五星不配五行，七曜擬於不倫，上祀誣而無理，六經皆虛言，聖人為妄作。據此為本，則人身無上下，推之則家無上下，國無上下，從發源處決去天尊地卑，則一切平等，男女均有自由主權，婦不統於夫，子不制於父，族性無別，人倫無處立根，舉憲天法地，順陰陽，陳五行諸大義，一掃而空……夫人受中天地，秉秀五行，其降曰命，人與天息息相通。天垂象見，吉凶微

人，改過遷善，故談天之學以推天象，知人事為考驗，
以畏天命，修人事為根本，以陰陽消長，五行生勝建
皇極，敬五事為作用，如彼學所云，則一部周易全無
是處，洪範五行，春秋災異，皆成替說，中國所謂聖
人者，亦無知妄人耳，學術日微，為異域所劫，學者
以耳為心，視為無關要義，從而雷同附和，人欲塞其
源，而我為操畚，可不重思之乎[9]？

　　這段話隱約地透露當時人的思想有三方面受到了震撼。首
先，西方人的平等自由觀念，使得中國傳統「人倫無處立根」，
也就是說，傳統的基本社會價值取向的失落；再者，中國傳統
中根據「天地」、「陰陽」、「五行」這些建構範疇(constitutive
symbolism)所形成的天人合一宇宙觀也被西學「一掃而空」，使
他對生命與宇宙感到迷茫，反映出精神取向的失落。最後全篇
不只是對西學在思想上表示批判，而且充滿了憤激與憂惶的情
緒，隱約地流露了文化認同感與自尊感受到損傷。底下就這三
方面對轉型時代出現的取向危機作進一步的分析。

1. 價值取向危機

　　所謂文化取向危機，首先是指基本的道德與社會價值取向
的動搖。大約而言，傳統文化的主流——儒家的基本道德價值可
分兩面：以禮為基礎的規範倫理與以仁為基礎的德性倫理。這
兩面在1895年以後都受到極大的衝擊，造成兩者核心的動搖，

9　宋育仁編，《采風記》(清光緒刊本)，卷三，〈禮俗〉，頁9-10。

甚至解體。讓我大致說明一下兩者動搖與解體的情形。

規範倫理的核心是儒家的三綱之說，它在轉型時代受到「西潮」的衝擊尤為深巨。這衝擊在1896-1898年的湖南改革運動時就已開始。當時，梁啓超、譚嗣同等以長沙的時務學堂為據點，公開攻擊中國的君統，立刻引起當時湖廣總督張之洞及一批湖南官紳的反擊與圍剿。他們認為，康梁改革運動對君統的攻擊就是間接對三綱的挑戰[10]。從湖南改革這場大辯論開始，一直到五四運動的激進反傳統主義，三綱以及它所代表的規範倫理一直是轉型時代對傳統價值批判的主要箭垛。儒家道德價值的這一面，可以說是徹底地動搖而逐漸解體。

同時，儒家德性倫理的核心也受到由西學所引起的震盪而解紐，但解紐不是解體，這是一個重要的區別，需要進一步的分疏。

儒家德性倫理的核心是四書中《大學》所強調的三綱領、八條目，也即我所謂的大學模式。這模式包括兩組理想：(1)儒家的人格理想——聖賢君子；(2)儒家的社會理想——天下國家。所謂解紐，是指這兩組理想的形式尚保存，但儒家對理想所作的實質定義已經動搖且失去吸引力。讓我舉幾個例子來說明。

首先是梁啓超在1902-1903寫的傳誦一時的《新民說》。梁在書中言明他是發揮大學新民的觀念，認為現代國民正如傳統

---

10 《湖南近百年大事記述》(長沙：湖南人民出版社，1959)，頁142-145；這些辯論文章都編在蘇輿編，《翼教叢編》(上海：上海書店，2002)一書中。

社會的人一樣，應該追求一個理想人格的實現。但是他對現代國民的理想人格所作的實質定義，已經不是儒家聖賢君子的觀念所能限定，因爲他的人格理想已經摻雜了一些西方的價值觀念，如自由權利、冒險進取、尚武、生利分利等[11]。

《新民說》的中心思想如上所陳，主要是釐定現代國民的人格理想，但是它同時也間接隱寓一個群體或社會的理想。值得指出的是，在這一層上，他也不遵守儒家以「天下國家」爲群體理想的實質定義，而完全接受西方傳來的民族國家觀念。

與梁同時而屬於革命派的劉師培，他在1905年寫的《倫理學教科書》也是一個很好的例子。在這本書裡，他提出他對新時代所矚望的人格理想與社會理想，這也就是他所謂的「完全的個人」與「完全的社會」。在劉的筆下，「完全的個人」這個觀念受了很多傳統儒家修身觀念的影響。但這影響主要來自修身觀念中鍛鍊性格，也即傳統所謂的「工夫」一面，至於傳統修身的目標──聖賢君子的人格理想，他在書中幾乎沒有提及。因此，聖賢君子是否仍是他的人格理想很可懷疑。同樣，他所謂「完全的社會」是否仍是傳統儒家的社會理想也很可存疑。不錯，他和梁啓超不同，並未提倡民族國家的觀念，而在他所謂的「社會倫理」中也列舉一些儒家的道德觀念如「仁愛」、「惠恕」、「正義」等。此外，他當時又醉心盧梭(Jean Jacques Rousseau)的《民約論》，深受後者的共和主義的影響。因此，

---

11 詳見梁啓超，《新民說》，在《飲冰室專集》(台北：台灣中華書局，1978)之四。

他的社會理想雖仍模糊不清，未具定型，但是已脫離傳統儒家
「天下國家」這觀念的樊籬，則可斷言[12]。

五四時代，這種趨勢更加明顯，《新青年》最初三期連載
高一涵寫的〈共和國家與青年的自覺〉便是一個例子。他在這
篇文章裡所謂的自覺，指的是對國家社會與個人人格的道德自
覺，而道德自覺的具體意思是指一個人應該抱持的理想。因此，
這篇文章的主旨仍然隱含儒家對生命的強烈道德感，認為生命
應以追求理想的社會與人格為依歸。但是他對後者的實質定義
則顯然已超出儒家思想的範圍。他對國家與社會的理想，雖然
不無大同理想的痕跡，但主要來自西方近代的共和主義。而他
的人格理想則依違於西方的個人主義（高稱之為小己主義）與傳
統的大我主義之間，其內容已非儒家聖賢君子的人格理想所能
涵蓋[13]。

高一涵在這方面的觀念可以說是五四時代思想的縮影。大
多數五四知識分子是被一種道德理想主義所籠罩，追求慕想一
個理想的社會與人格，這是他們有意無意之間受儒家德性倫理
影響的地方。但是，他們對社會理想與人格理想的具體了解則
與傳統的德性倫理的差距甚大。首先，當時人對形形色色的社
會理想的熱烈討論與爭辯，不但顯示他們在理想社會的追求上

---

12 劉師培，《倫理學教科書》，在《劉申叔先生遺書》（台北：大新書
　　店，1965），總頁2299-2350。

13 高一涵，〈共和國家與青年之自覺〉，《新青年》，第1卷第1號（1915
　　年9月），頁1-8；第1卷第2號（1915年10月），頁1-6；第1卷第3號（1915
　　年11月），頁1-8。

已是徘徊歧途、失去方向，而且意謂儒家傳統這一層思想上已
失去其約束力與吸引力。另一方面，就人格的理想而言，胡適
所倡導易卜生式的個人主義與易白沙、高語罕等人所闡揚的大
我主義也在相持不下，顯示傳統聖賢君子的人格理想對五四一
代的影響力也日趨薄弱[14]。

因此，就整個轉型時代而言，儒家德性倫理的核心思想的
基本模式的影響尚在，但這模式的實質內容已經模糊而淡化。
因為前者，這一時代的知識分子仍在追求一個完美的社會與人
格；因為後者，他們的思想常呈現不同的色彩而缺乏定向。這
就是我所謂儒家德性倫理解紐的意義。

總之，儒家規範倫理的核心與德性倫理的核心都在動搖
中。雖然二者有程度的不同，但是二者同時動搖，代表著中國
傳統的價值中心已受到嚴重的侵蝕，以致中國知識分子已經失
去社會發展與人格發展的羅盤針與方向感。這就是取向危機最
基本的一面。

2. 精神取向危機

任何一個文化，中國文化也不例外，多是自成一個意義世
界（universe of meaning）。這意義世界的核心是一些基本價值與
宇宙觀的組合。這組合對人生與人生的大環境——宇宙，都有一
番構想與定義，諸如宇宙的來源與構造、生命的來源與構造，
以及在這一環境中生命的基本取向與意義。這組合我們稱之為

---

14 胡適，〈易卜生主義〉，收在《胡適文存》，第一集，卷四，總頁
629-647。

意義架構。

　　前節指出，傳統儒家的宇宙觀與價值觀在轉型時代受到嚴重挑戰，這代表傳統意義架構的動搖，使中國人重新面臨一些傳統文化中已經有所安頓的生命和宇宙的基本意義問題。這些問題的出現和由之產生的普遍困惑與焦慮，就是我所謂的精神取向危機。

　　這一精神層面的危機，是轉型時代思想演變中比較不為人注意的一面。但是當時許多重要的發展都有它的痕跡。轉型時代初期，知識分子很盛行研究佛學就是一個很好的例證。這個發展我們不能完全從政治社會的角度去看，它不僅是對傳統政治社會秩序瓦解的回應，它也是傳統意義架構動搖以後，人們必需對生命重建意義架構所作的精神努力。康有為、梁啟超、譚嗣同、章炳麟這些人之走向佛學，都與這種取向危機所產生的精神掙扎有關係。五四時代人生問題引起激烈討論，胡適提出「人化的宗教」[15]，周作人提出「新宗教」[16]，這些思想的發展也應從精神取向危機這個角度去看。

3. 文化認同危機

　　中國人自從十九世紀初葉與西方接接觸以來，就發現置身於一個新的世界，一個與從前中國自認為是「天朝」的華夏中國的世界很不同的新天地。因此中國人在認知上很需要一個新的世界觀——一種對這新世界的認知地圖（cognitive map），藉此

15　胡適，〈不朽〉，收在《胡適文存》，第一集，卷四，總頁693-702。
16　周作人，〈新文學的要求〉，收在氏著，《藝術與生活》（石家莊：河北教育出版社，2002），頁23。

可以幫助他們在這個新的世界裡，相對於世界其他文化與國家作文化自我定位。因此中國人在這方面作的思想掙扎與摸索，一部分是發自於一種文化自我認知的需要。

更重要的是認同感裡面強烈的情緒成分或心理深層需要。前面我指出轉型時代中國傳統思想的核心發生動搖，而就在同時，中國進入一個以新的西方霸權為主的國際社會。頓時由一個世界中心地位降為文化邊緣與落後的國度，自然產生文化失重感，群體的自信與自尊難免大受損傷。

這裡必須指出的是，西方的霸權不僅是政治、軍事與經濟的，同時也是文化思想的。就因為如此，這霸權不僅是外在的而且也已深入中國人的意識與心理深處，而內化為一種強烈的情意結。一方面他們憎恨西方的帝國主義，另一方面他們深知與帝國主義同源的西學也是生存在現代世界的需要，是「現代化」的要求，是一種現實理性的驅使。這自然造成中國人內心思想的困境與心理的扭曲，一種愛與恨、羨慕與憤怒交織的情意結。這也是美國學者列文森（Joseph R. Levenson）於1950年代提出的問題[17]。列文森也許誇大了這情意結在中國近代思想變遷中的重要性，但我們不能否認它是轉型時代出現的認同危機的一個基本環節。

文化認同的需要在轉型時代普遍的散布，不論是出自中國人情緒的扭曲或發自文化自我定位的認知需要，都是當時取向

---

17 Joseph R. Levenson, *Confucian and Its Modern Fate* (Berkeley: University of California Press, 1965).

危機的重要一面，不同忽視。

　　但是在討論文化認同取向時，我們不能孤立地去看這一問題，因為就轉型時代的知識分子而言，他們在文化認同取向方面所作的掙扎，與他們在價值取向以及精神取向方面的困惑與焦慮，常常是混雜在一起的，只有把這三方面合而觀之，加以分析，才能看到當時取向危機的全貌。

(二)新的思想論域

　　前文提及，轉型時代制度性的傳播媒介促成了公共輿論的產生，這種輿論內容極為駁雜，各種問題都在討論之列。

　　但就在這紛繁駁雜的討論裡，逐漸浮現一個思想論域。稱之為思想論域，是因為這些討論有兩個共同點：(1)使用新的語言：(2)討論常常是環繞一些大家所關心的問題而展開。例如中西文化之間的關係，未來的國家與社會的形式，革命與改革的途徑，新時代的人格典型等等，重要的是，這些問題的提出和隨之而來的討論，常常都是從一個共同的主體意識出發。

　　談到轉型時代報刊雜誌所使用的新語言，首先值得注意的是新的詞彙。這些詞彙主要來自西學的輸入。它們有的是由西文直接翻譯過來，但很重要的部分是轉借日文的翻譯，因此日文在這方面的影響也不可忽略 [18]。

　　但是新的語言不僅表現於新的詞彙，也表現於新的文體，

18　實藤惠秀著，譯汝謙、林啓彥譯，《中國人留學日本史》（香港：中文大學出版社，1982），特別是該書中有一表，見頁231-237。

這方面的主要變化當然是由文言文轉換為白話文。雖然這兩種文體不無文法上的差異，但最重要的分別還是在整個文章結構和語句的形式。就文章整體結構而言，文言文受一些傳統修辭上的限制，例如起承轉合的規律以及所謂的抑揚頓挫法、波瀾擒縱法、雙關法、單提法等等。至於個別的語言形式，首先我們必需認識，文言文是一種非常簡化的語言，有時簡化到像電報的語言，因此語意時常是很不清楚的。同時，文言文的語句結構又受到其他一些修辭上的限制，例如用典、語句的長短整齊必需合乎所謂典雅的形式，而白話文則不受這些文言文的形式與規律的束縛，因此能比較自由地表達個人的論理或抒情的需要。

不可忘記的是，在轉型時代文言文轉變為白話文是經過一段相當長的時間。雖然那時代的初期，中國知識分子梁啟超、黃遵憲、劉師培等人已經嘗試用白話文，白話文真正普及是1917年文學革命以後的事。在此以前，報刊雜誌使用的仍然是文言文，但常常是一種新體文言文。這種文體可以梁啟超在《新民叢報》發表的文章為代表，就是所謂的「新民體」。梁啟超後來對他當時的文章有過這樣的評述：「啟超夙不喜桐城派古文，幼年為文，學晚漢魏晉，頗尚矜練，至是自解放，務為平易暢達，時夾以俚語及外國語法，縱筆所至，不檢束，學者競效之，號新文體[19]。」當時使用新文體的還有林紓，他翻譯西方小說時所採用的文體，雖是文言文，但並不嚴格地沿用桐城派古文

---

19 梁啟超，《清代學術概論》，在《飲冰室專集》之三十四，頁62。

文體。錢鍾書說：「林紓譯書所用文體是他心目中認為較通俗，較隨便，富於彈性的文言。它雖保留若干『古文』成分，但比『古文』自由得多；在辭彙和句法上，規矩不嚴密，收容量很寬大。」所謂收容量很寬大[20]，就辭彙而言，是指它採取不少白話與新名詞，就語法而言，是指它帶有了許多歐化成分。因此，所謂新文體是一種解放的文言文，也可說是一種比較接近白話文的文體。

總之，轉型時代新思想的散播，是與新文體（不論是白話文或新體文言文）的出現分不開的，正如同中古時期佛教思想傳入中國是無法與白話文翻譯佛教經典分開的。也可以說，中國歷史上兩次受外來影響而形成的思想巨變都是以新語言為背景。

新語言的出現固然重要，但不能代表思想論域的全面。我不同意時下一些學者認為思想可以完全化約到語言層次。我認為，要了解一個思想論域，我們必需同時考慮使用新語言的人的主體意識──也就是說，轉型時代知識分子的主體意識。

當時知識分子主體意識最重要的一面，當然是籠罩那個時代的危機意識。要認識這種危機意識，我們首先需要把它擺在它產生的環境脈絡中去看。所謂環境脈絡，不僅是指中國所面臨的政治社會危機，也是指當時的思想環境。也就是說，我們同時需要把這危機意識放在傳統思想與「西學」交互影響的脈絡去看。只有把當時知識分子對這兩種環境──政治社會環境與

20　錢鍾書，〈林紓的翻譯〉，收在氏著，《七綴集》（北京：三聯書店，2001），頁109。

思想環境的回應合而觀之，我們才能透視這危機意識的特徵。

根據上面的觀點，當時危機意識的最大特徵，毫無疑問是它特殊的三段結構：(1)對現實日益沉重的沉淪感與疏離感；(2)強烈的前瞻意識，投射一個理想的未來；(3)關心從沉淪的現實通向理想的未來應採何種途徑。現在就這三段結構作進一步的說明。

1. 對現實的沉淪感與疏離感

當時在轉型時代散布的不只是對國家社會迫切的危亡感與沉淪感，而且是激進的文化自我批判意識與疏離感。在轉型時代以前，激進的文化自我批判意識只有零星孤立的出現。那時的主流思想，仍然希望在傳統的思想與制度的基本架構內，對西方文化作適度的調節，這就是當時盛行的「中體西用」的論點。1895年以後，文化自我批判意識由「用」進入「體」的層次，由文化邊緣深入核心，認為當前國家社會的危難反映了文化核心部分或整體的腐爛。這種激進的文化自我批判意識與疏離感，在轉型時期日益深化與擴散，常常與政治的危亡感互為表裡。

2. 對未來理想社會的展望

這是一種強烈的前瞻意識，視歷史為一個向著光明的遠景作直線的發展。五四時代知識分子稱這種前瞻意識為「未來之夢」[21]，它首先含有強烈的民族主義，中國人生活在帝國主義

---

21 這方面的史料很多，像顧頡剛曾說：「辛亥革命後，意氣更高張，以為天下無難事，最美善的境界，只要有人去提倡，就立刻會得實現。」(〈古史辨自序〉，《古史辨》[香港：太平書局，1962]，第

壓迫的陰影下，自然熱望變作一個獨立富強的國家。這種民族
主義透過新的傳播媒介，在轉型時代進行空前大規模的散布。
因此，由甲午到五四，民族國家觀念是對未來理想社會展望的
一個核心成分，但它卻不是唯一的成分。因爲，除此之外尚有
另一個重要成分，那就是以大同理想爲代表的各種烏托邦主
義。現代史家常常不正視這種思想，但是就中國知識分子的意
識與心態而言，烏托邦主義卻是一個不容忽視的層面，因爲它
曾出現在轉型時代的每一個主要階段或思潮裏。就以轉型時代
初年的維新改革派而論，一方面有梁啓超鼓吹民族主義的文
字，另一方面也有康有爲的《大同書》與譚嗣同的《仁學》散
布烏托邦主義。就辛亥以前的革命派而言，一方面有鄒容與陳
天華的民族主義，另一方面大同理想不僅在孫中山的思想裡已
經浮現，它在革命派左翼的無政府主義思想裡尤爲突出，當時
這一派報紙如《新世紀》、《天義報》與《衡報》都充滿了烏
托邦式的世界主義的思想[22]。

　　五四時代的思想亦復如此。談到五四思想，現代史家多半
強調五四時代的民族主義。其實，當時世界主義的盛行決不下
於民族主義。文學家朱自清在五四運動發生的時候正是北大的
學生，他後來回憶當時的思想氣氛時，曾經提醒大家，五四運

(續)───────────────

　　一冊，頁17)；又如陳範予(1901-1941)這位「五四的產兒」也是其中
　　的個案。詳見　井洋史整理，《陳範予日記》(上海：學林出版社，
　　1997)，如頁165。

[22] 相關討論詳參Hao Chang, *Chinese Intellectuals in Crisis: Search for
　　Order and Meaning, 1890-1911* (Berkeley: University of California
　　Press, 1987)一書。

動的思想常常超過民族主義，而有濃厚的世界主義氣氛 [23]。這種氣氛我們可以傅斯年在〈新潮之回顧與前瞻〉這篇文章中所強調的一段話爲代表：「我只承認大的方面有人類，小的方面有『我』是真實的。『我』和人類中間的一切階級，若家庭、地方、國家等等都是偶像。我們要爲人類的緣故，培成一個『真我』」[24]。五四時代形形色色的烏托邦思想就是從這種世界主義的信仰孳生出來。

因此，轉型時代的前瞻意識，大致而言，是一雙層建構。當時知識分子所矚望的，常常不僅是一個獨立富強的民族國家，同時也是一個烏托邦式的理想社會。

3. 由現實通向理想未來的途徑

當時人對現狀的失望與反感，以及對未來的熱望，使他們非常關心如何由沉淪的現實通向理想的未來途徑。轉型時代持續不斷對改革與革命的激烈辯論，最能反映這途徑問題在當時思想界的重要性。當時其他一些被熱烈討論的課題，例如中西文化的關係、主義與問題的比重、民主與自由的意義，也都與這途徑問題有相當密切的關係。途徑問題可以說是危機意識的三段結構的凝聚點。

更進一步去分析，這三段結構反映出一個歷史理想主義的心態。大約說來，這心態有下列的特徵：(1)這理想主義心態是傳統儒家道德理想主義與西方近代啓蒙運動中的理想主義的合

---

23 朱自清，《中國現代作家選集》（香港：三聯書店，1983），頁182。
24 收在《傅斯年全集》（台北：聯經出版事業公司，1980），總頁1209。

產物。它一方面認爲理想與現實有極大的差距，另一方面也相信這差距可以克服，透過現實的轉化，可以使現實與理想合而爲一；（2）這個世界觀我們稱之爲歷史的理想主義，因爲它是建築在一個新的歷史觀上。這個新的歷史觀主要是由西學帶來的演進史觀，把歷史看作是朝著一個終極目的作直線的演進；（3）同時這理想主義含有一種高度的政治積極性，一種強烈的政治行動傾向。我們可稱之爲以政治爲本位的淑世精神。這種精神主要來自傳統儒家的經世思想，認爲知識分子應該有一份顧炎武所謂的「救世」情懷，投身政治，以改造汙濁沉淪的世界。這是一種充滿政治積極性的使命感，表現於我們常常聽見的一些話題，像「國家興亡，匹夫有責」、「士大夫以天下爲己任」等等。重要的是，這種政治積極性與使命感，隱含了一個對人的主觀意識與精神的信念，認爲人的思想與意志是改造外在世界的動力。因此反映出一種高度的人本意識；（4）這種人本意識與方才提到的演進史觀結合，使得演進史觀在中國往往含有一種特殊的歷史意識，與西方的歷史演進觀很不同，因爲在西方這種歷史觀常常帶來一種歷史決定論的意識，相信歷史發展的行程有其本身的動力，因此是獨立於人的意志與行爲而向前發展。這種史觀對於人的自動自發的意志與意識是一種限制與壓抑，甚至否定。但是轉型時代知識分子對演化史觀的了解卻與西方很不同。一方面他們接受歷史向前直線發展的觀念，因而常常有很強烈的歷史潮流感；另一方面他們並不認爲這歷史潮流會排斥人的自動自發的意識與意志。相反地，他們常常認爲歷史潮流只有透過由人的意識產生的精神動力才能向前推進，

這或許是受傳統天人合一宇宙觀不自覺的影響。因為後者相信，天的意志只有透過人心才能顯現。轉型時代的知識分子以歷史潮流代替天意，同時保留了傳統對心的信念，其結果是一種近乎主觀意識決定論的觀念。我們可稱之為意識本位的歷史發展論；(5)理想主義的世界觀與歷史演進觀結合，使人覺得這世界觀所展現的價值與理想不只是人的主觀意識的投射，而且是植基於宇宙的演化與歷史潮流的推進。因此傳統思想模式中的應然與實然的結合，宇宙觀與價值觀的統一得以在轉型時代以一個新的形式延續。

　　上述五點，簡略地說明了轉型時代的危機意識所隱含的歷史理想主義心態。這種心態加上前面提到的新語言，構成一個新的思想論域，在當時逐漸浮現。它對時代思想發展的重要性，不下於我在上節討論的取向危機。

結　論

　　這篇文章大枝大葉地勾劃了轉型時代思想傳播媒介與思想內容的幾個重大變化。這些巨變至少是中國文化思想自中古佛教流入以來所未曾見的。同時它也為二十世紀的文化思想發展開了一個新的起端。這些巨變的出現就是轉型時代之所以為轉型時代的原因。

中國近代轉型時期的民主觀念

　　在這篇短文裏，我想就轉型時代的民主觀念作一簡要的分析，所謂轉型時代是指1895年至1925年前後大約30年的時間。這是由傳統過渡到現代思潮承先啓後的關鍵時期。首先，就中西文化接觸而言，在1895年以前雖已有半個世紀以上的歷史，但西方文化的散播只限於沿江沿海的幾個大商埠，對於中國士紳社會及傳統儒家思想的主流並無顯著的影響。西方文化真正有廣泛而深入的滲透與衝擊，造成全國性的影響，是始於轉型時代。同時，由於這影響，轉型時代的思想在好些方面出現一些模式，不但對於當時，就是對於整個二十世紀的中國，也很有代表性。就這兩點而言，民主思潮自然也不例外，因此，轉型時代是民主思潮由廣泛傳播而開始定型的時代。讓我從兩篇文章說起。

　　1897年梁啓超在《知新報》上發表〈說群〉一文，在這篇文章內，他提出「群術」這個觀念，以別於他所謂的「獨術」，後

者是只靠一個人單獨的力量來維持群體的生存與處理群體的事
物,也就是傳統的專制制度。而群術則是指靠一群人的共同力量
來維持群體的生存與處理群體的事務。這種「群術」顯然是指當
時才從西方輸入的民主觀念。1920年,毛澤東以一個五四知識分
子在《湘江評論》上發表〈民眾的大聯合〉一文。在這篇文章內,
他也以「群」這個觀念來說明民主的涵義。他認為民主就是將組
成人民的大小群體層累地集合起來,組織起來。這兩篇文章在轉
型時期一前一後地出現。很能大體代表這整個時期對「民主」所
形成的觀念:民主是以群體意識為前題的。

中國人如何從群體意識出發去瞭解民主?要想回答這個問
題,我們必須對近代西方民主思想的發展有一基本的瞭解。

一、近代西方民主觀念的兩個基本類型

民主觀念,在西方發源甚早,古希臘即已出現,但它在西
方傳統的政治思想發展中,常常是謗多譽少。民主觀念在西方
受到一致的肯定是十八世紀中葉以後的事。從那時到一次世界
大戰可以說是民主思想定型時期,一次世界大戰以後到現在,
可以說是現代西方民主理論發展的時代,影響中國近現代的民
主觀念主要是前者。在這一時期,西方的民主思想,大致而言,
出現兩種類型:高調的與低調的。

(一)高調的民主觀

這種民主觀的前題是:民主是為實現一種道德理想而產生

的制度。它在西方近代思潮裡相當普遍,例如在一些重要的流派裡,如共和主義(Republicanism),法國大革命前後的激進主義(Jacobinism),十九世紀的新黑格爾主義(Neo-Hegelianism),以及社會主義——無政府主義等,都有其顯著的形跡。這一型的民主觀,特別是透過共和主義這一傳承,對於西方民主參與以及立憲政體在思想發展上曾有很重要的貢獻。但同時它也往往帶有集體主義與烏托邦思想的傾向。盧騷與馬克思的思想就是顯例。

盧騷的民主觀念,是基於他對自由的兩種觀念:自然的自由與政治的自由(又稱人的自由),前者是指個人不依靠別人而只求個人的自然衝動與情慾得到滿足,後者則是指只有在人類群體的生活中才能實現的自由。這一自由觀念的前題是,人有超乎自然衝動之上的道德品質,這種品質是人之所以為人之道。這種人道的實現或完成就是盧騷所說的政治自由,也是他所真正重視的自由觀念。他這種自由觀念是針對現代文明有感而發,他認為現代人的生活沉淪而且分裂,沒有一個真正人應有的高貴與完整的道德品格。政治自由就是指從現代生活的沉淪與分裂中解放出來而體現道德的品質。因此,他的政治自由觀念是含有極強烈的道德感,是以他所說的「人的自由」取代「自然的自由」。

盧騷相信政治自由在古希臘羅馬的城邦政治裡曾經真正實現過。古代城邦政治的最大特色是造成一種環境,可以使城邦居民超越自然情慾而認同群體的普遍意志,由此而促使個人道德自我的完成。實現這超乎個人私意、私慾之上的普遍意志,

就是古代共和政治的最後薪向。而盧騷的民主觀也就是根據這古典共和主義而構想的。因此它是以集體主義爲基調而又非常理想化的：在民主共和政治之下，不但人人自由，而且個人自由的歸趨是一個和諧無私的社會。這是一種接近烏托邦的民主觀念。

對於民主的瞭解，馬克思與盧騷頗有類似之處。他對於當時「自由主義式的民主」（liberal democracy）誠然是抨擊不遺餘力，認爲只是資產階級的工具，因此是虛假的、有名無實的制度，但他並不自認是反民主。誠如他在早期作品中所言，他所追求的是一種「真民主」（true democracy）。他這種觀念發之於一種道德理想主義，馬克思早年曾深受德國唯心論的影響，醉心一個充分體現人道的社會。他強調他所追求的不只是「政治的解放」而是「人的解放」。在他看來資本主義是與他的理想背道而馳的一種制度，因此必須推翻，然後建立他的理想社會。在這理想的社會裡面，不僅每個個人有自由，而且全體有自由，個人的意志與盧騷所謂的全體意志達到完全的契合，而「真民主」也就是所謂的「直接民主」，便是到達這個理想社會的必經之路。因此馬克思與盧騷一樣，認爲民主是爲實現一個道德理想而設的制度，在這種制度構思裡面含有強烈的集體主體精神與烏托邦主義色彩。

（二）低調的民主觀

這種民主觀不認爲民主是以實現道德理想爲目標，而是針對人性的有限而構想的一種制度。西方近代思想中對人性有限

的自覺有兩個源頭，一個是來自猶太教與基督教傳統的人性罪惡觀，一個是來自西方近代自文藝復興以來對人性觀察所積累的現實觀。這兩者在思想內容上儘管有很大的不同，但都對人性有一個很低的估價。根據這種觀點，人基本上是一個自私自利，非常有限的東西，你無法對他期之過高。以此爲前題，低調民主觀認爲民主只是一種制度、一種程序，一則爲保護個人的權利不受外來的侵害（不論這侵害是來自其他的個人或政府專制或多數群眾的獨斷），二則爲讓自私自利的庸庸大眾，不論是個人或團體，能夠把他們彼此衝突的權益，以討價還價、你遷我就的方式，互相調節，彼此妥協，和平地共營群體生活。因此，民主沒有甚麼崇高的目標。誠如英國十九世紀的自由主義思想家詹姆士‧彌勒（James Mill）所強調，民主不過是爲了適應人性的自私自利而發展的一個勉強可行的制度。這種思想在十八世紀末葉的美國制憲論文（Federalist paper）中表現得更爲明顯：人的自私自利是本於天性。因此結黨營私，爭權奪利是很自然的事。我們既然無法在本源上根除人的自私自利，只有以制度在效果上去求繩範與疏導，這就是民主政體的功能。這顯然是與高調民主觀很不同的一套民主思想。

二、中國知識分子與高調的民主觀

　　中國知識分子大規模吸收西方民主思想開始於轉型時期。在吸收過程中，他們對民主的認識大約而言是傾向於高調民主觀，而對於低調的民主觀則甚少措意。前面論及西方的高調民

主觀有兩個特徵：一個是烏托邦的傾向；另一個是集體主義的精神。需要強調的是，這兩個特徵也在中國現代知識分子的民主思想中出現。這種高調民主觀的出現是由於中國近代知識分子的一些特有的思想趨勢。

(一)從民族主義的觀點去認識民主

在轉型時期以前就已經有少數的官吏和士大夫認為西方的富強之道在於議會，因為後者可以造成「君民一體，上下一心」（陳熾語）。轉型時代初期，民族主義大量散布，許多人從民族主義的立場出發去肯定民主。梁啓超和嚴復都曾在他們的言論和著作中，強調民主是民族獨立、國家富強所不可少的條件。辛亥以前的革命派，雖然因種族革命的立場，而對民族主義的內涵與梁、嚴等的改革派持不同的解釋，但是就「民主救國」這一觀念而言，並無異議。鄒容於1903年在「革命軍」中強調西方的民主思想是中國「起死回生之靈藥」。在當時的革命派中，他這種觀念是具有代表性的。

五四時期，在中國知識界裡，民主的涵義擴大，但民族主義對中國人的民主觀念仍有其重要影響。

(二)從傳統道德的社群取向去認識民主

儒家道德思想的核心是以仁為樞紐的德性倫理，而後者有一個根深柢固的社群取向。在儒家傳統裡，德性倫理是與天人合一的宇宙觀是緊結在一起的，因此它認為宇宙的真實是超越個別形體的大化之全。而就其價值觀而言，德性倫理的終極標

準也是超乎個人的社會全體。因此不論從宇宙論或道德論的觀點，儒家的基本取向是超越個體而肯定那共同的宇宙或社會整體。而「公」這觀念就代表這種整體取向。轉型時期，德性倫理雖然在動搖中，但這社群取向，仍然深植人心，有意無意地決定著中國人對事物的看法。

中國近代知識分子就常常是以這社群取向為出發點而認識民主的。在他們看來，民主是代表一種大公無私的精神，這種精神可以與民族主義結合，視民主為一種群策群力、團結愛國的思想。它也可以與烏托邦主義結合，因而視民主代表一個民胞物與、痌瘝在抱的大同社會。這種烏托邦式的民主思想雖與以民族主義為目的的民主思想在形式上很有不同，但卻同樣地表現了集體主體的精神，值得注意。

烏托邦式的民主思想在轉型時代初期即已出現，康有為與譚嗣同的思想裡都有很強烈的這種趨勢。他們分別以儒家「仁」的理想為基礎，來吸收西方的民主思想，因此，他們的民主思想都呈現兩個特徵：一個是世界主義，一個是集體主義。不錯，他們的著作都有要求個人獨立自主的理想，但是這些理想主要是針對傳統的束縛而發。當個人從傳統的束縛中解放出來以後，必須進一步融化於一個親愛無間、圓融和諧的理想社會。因此，他們的民主思想主題是含有濃厚的烏托邦精神。

這一類型的民主觀念也多少見之於辛亥革命以前的革命思想。鄒容與陳天華對革命的熱誠就含有烏托邦式的民主思想，他們認為革命以後，建立民主共和的政體，誠如鄒容所說：中國可以「起死回生，還魂還魄，出十八層地獄，升三十三天

堂……」陳天華也預料,「民主革命的結果是宣布自由,設立共和,其幸福較之未革命前,增進萬倍。」

　　革命派左翼無政府主義的民主思想中,也有同樣的「高調」傾向。劉師培當時的思想演變就是一個很好的例證。劉早年深受儒家教育的薰陶,在道德理想主義的影響之下,嚮往一個烏托邦的世界——他所謂的「完全的社會」。1902年盧騷的《民約論》譯成中文,劉讀後深受震撼,寫成《中國民約精義》一書。書中不但反映他對盧騷的民主思想無限嚮往,而且甚至將此種思想與儒家的道德理想如「公」及「大同」相提並論。1906年,他東渡日本,很快變成無政府主義的信徒,在這新的信仰影響之下,他對當時現行的西方代議政體頗有反感,因而與其他的無政府主義信徒一樣,很少直接肯定民主。但是,因為他努力鼓吹極端的自由平等思想,他不啻在間接提倡一種激進的民主解放思想—— 一種當時無政府主義者稱之為「平民革命」的思想。

　　這種「平民主義」誠如劉師培在當時所強調,不是來自以個人主義為前題的無政府主義,而是來自後者與共產主義相結合的集體主義。在克魯泡特金(Kropotkin)、巴枯寧(Bakunin)、普魯東(Proudhon)的思想籠罩之下,中國的無政府主義替當時的民主觀念帶來了更濃厚的烏托邦主義與集體主義的激進色彩。

　　這種激進的民主思想,在五四時代曾產生了極大的影響。那時的民主涵義,當然遠較以前擴大。五四初期,英美式的溫和民主思想與以無政府主義為代表的激進民主思想都在時代的空氣裡激盪。但是五四後期,激進民主思想大盛,當時的知識青年如傅斯年、羅家倫、毛澤東等都認為民主主義是歷史不可

抗拒的潮流，這種民主潮流，誠如李大釗所指出，分成兩方面同時並進：一方面是解放的過程，在這過程中，各種類型的人，如婦女、兒童、工人等分別從傳統的制度與思想枷鎖中解放出來。他說：「現在的時代是解放的時代，現代的文明是解放的文明。人民對於國家要求解放，地方對於中央要求解放，殖民地對於本國要求解放，弱小民族對於強大民族要求解放。農夫對於地主要求解放，工人對於資本家要求解放，女子對於男子要求解放，子弟對於親長要求解放。現代政治或社會裡面所起的運動，都是解放的運動！」

因此，民主政治，照李大釗看來，「就是解放的精神。可是這解放的精神，斷斷不是單爲求一個分裂就算了事，乃是爲完成一切個性脫離舊絆鎖，重新改造一個普遍廣大的新組織，一方面是個性解放，一方面是大同團結。這個解放的運動，同時伴著一個大同團結的運動。」毛澤東在當時也有同樣的嚮往，這「大同團結的運動」，他認爲就是民主，就是他所說「民眾的大聯合」，就是人類「群」性的充分體現。很顯然的，這種民主觀是以自由解放的觀念爲起足點，而以烏托邦精神與集體意識爲歸宿。

三、民主與全民主義

前面提到轉型時代的高調民主觀含有集體傾向。必須指出的是，這傾向常常表現爲全民主義(Populism)。這個觀念是指一變種的、盧騷式的民主思想。在一個民主社會，人民全體是至

高無上的政治主體。此處所謂的人民全體不是指社會中全體人民總數的集合，而是指一個道德的總體，有其獨立的生命與意志。因此人民的總體意志不是全體個人私意的總和，而是指一個存乎其中而又駕乎其上的道德意志——公意。民主政治就是求這公意的表現。

這種以全民主義為內涵的民主觀念發源於近代歐洲，而常見於二十世紀的亞洲及拉丁美洲地區。中國也不例外。在中國，這全民主義最早出現的時代就是轉型時代。

在轉型時代，這種全民主義是以反抗傳統儒家的精英權威主義的思想面貌出現。它一方面捨棄以往精英主義認為聖賢君子是政治主體的觀念，另一方面它強調有別於少數精英的人民大眾才是政治的主體與歷史的動力。從轉型初期開始，一般知識分子都認為全民主義就代表民主思想。無政府主義與社會主義輸入中國以後，這種全民主義演為一種在政治上認同低下層勞苦大眾的意識，對中國近代民主思想與政治文化的影響，至深且巨。

雖然全民主義，相對於傳統的精英主義，是一種嶄新的思想發展，但二者也有類似之處，不可忽略。首先，從傳統精英主義的觀點出發，個別的人民不是政治主體，因此在政治上無足輕重。而從全民主義的觀點，普通個人也不是政治主體，因此在政治上也無足輕重。全民主義不是以個別的人民，而是以群眾的整體代替傳統的精英先進。總之，不論就傳統的精英主義或新的全民主義而言，個人在政治上都不是終極價值，都受到忽略。再者，傳統的精英政治的目的是發揮少數精英的精神

領導，因此，培養精英先進的道德素質是傳統政治的著重點。而現代全民主義的著重點，是提高群眾的精神與道德素質，以發揮他們的積極性與動力。因此，這兩種政治觀念都是以強調道德與精神的重要性為前題，而有忽略外在制度的趨勢，而這種趨勢多少反映出傳統政治文化與現代中國政治文化都有對人性過度樂觀與信任的傾向，因而忽略人性中的陰暗面在個人與群眾之中同樣有其危險性。

　　更重要的是，在轉型時代，精英主義並未被全民主義所完全取代，而往往只是暫時被它所掩蓋或吸收。因此，在當時知識分子的民主觀念的表層之下，往往隱藏著精英主義，與全民主義形成一種吊詭的結合。例如梁啓超在轉型時代初期，鼓吹他所謂的「民權」思想，強調國民的總體是政治的主體與歷史的動力，但同時他也大量寫中外英雄豪傑的傳記。他寫這些傳記固然一部分是為了宣傳新的人格理想，灌輸新的道德價值，但多少也反映他認為少數的精英是推動歷史的動力。他在《新英國巨人克林威爾傳》中，就曾極力推許卡萊爾（Carlyle）的英雄崇拜論。他說：「徵諸古今東西之歷史，凡一國家一時代社會之汙隆盛衰，惟以其有英雄與否為斷，惟以其國民之知崇拜英雄與否為斷。」在他當時寫的《自由書》中，同樣的理論也屢見不鮮。例如，他在論「豪傑之公腦」一節下面有這樣的話：「世界者何，豪傑而已矣。舍豪傑則無有世界。一國雖大，其同時並生之豪傑，不過數十人乃至數百人止矣，其餘四萬萬人，皆隨此數十人若數百人之風潮而轉移奔走趨附者也。」

　　這種精英主義不僅反映傳統的聖賢崇拜，同時也反映一種

客觀環境的現實需要。梁啓超與嚴復等人提倡民權、鼓吹群眾的言論常常是伴以提高「民智、民德、民力」的呼籲。這顯示當時知識分子的一種困境感。一方面在理論上他們強調群眾是神聖的，人民的「公意」已取傳統的天意而代之。另一方面，就實際情況而言，他們也知道人民大眾的愚昧與落後，需要提高他們的「德、智、體」各方面的素質：一方面他們在理論上宣揚群眾是歷史的動力、社會的巨輪，另一方面他們也知道一般人民在現實情況下，往往不是處於積極主動的地位，而是處於消極被動的地位。基於這種困境感，他們有以「先知先覺」自居的需要，去從事宣傳教育工作，以提高群眾的素質。從梁啓超的《新民叢報》到五四的《新青年》，轉型時代的知識分子積極從事文字宣傳及言論鼓吹工作，都或多或少地有這種精英先進的自我意識。因此，在群體意識中，全民主義與精英權威主義往往有吊詭的結合。

這種吊詭的結合使轉型時代的民主思想帶有相當的不穩定性與脆弱性。因為精英權威主義的邏輯加上危機時代的種種客觀環境，很容易使人感覺需要一個強有力的政治中心，以應付危機與變局。轉型時期的民主思想裡面已經時而有這種政治權威主義心態出現。在當時的改良派中，梁啓超的思想演變就是一個很好的例子。他在1899年至1903年間大力宣揚民權論旨時，他的思想就含有濃厚的全民主義的傾向。1903年以後，他日感中國人民大眾的文化教育水準落後，不能行使民權，需要精英領導，終而提出「開明專制」的主張。在革命派裡面，前有陳天華，後有孫中山都有類似的思想演變，衍生出政治權威

主義的趨勢。五四時代，陳獨秀最後走上馬列的政治權威主義的道路，也多少與他思想中的全民主義與精英主義的吊詭結合有關。他在1920年前後，公開指出中國人民是「一盤散沙、一堆蠢物」，因而需要「開明專制」與精英領導，而就在那時他捨棄民主立場，接受馬列的「民主集中論」，絕非偶然。

上面，我指出民主觀念在轉型時代所展現的一些思想傾向，諸如群體意識，以及隨之而來的高調民主觀與全民主義。這裡必須強調的是，這些傾向不只限於轉型時代，在以後中國知識分子的民主觀念裡也常常出現。因此，它是我們認識整個二十世紀中國民主思想發展的起足點。根據這些民主觀念的演變傾向，我們可以理解為何在轉型時代民主思想大量散播以後，接著而來的是一個政治權威主義籠罩的時代。這兩個時代一先一後相繼而來，表面上看去似乎是一個吊詭，而實際上是有其思想內在的聯繫。就是今天在海峽兩岸的民主思潮裡面，我們也不難發現這些思想傾向依舊隱然在那裡發酵，有其不可忽略的影響。

關於中國近代史上民族主義的幾點省思

　　民族主義在國際學壇是一個討論已久的問題，但是歷年來的討論，至少在西方，有一個很奇怪、耐人尋味的趨勢。那就是一方面，沒有人否認民族主義是近現代世界史上一個很重要的潮流；另一方面，大家在矚目未來的時候，又常常低估民族主義的重要性。例如在十九世紀的西方，民族主義是一個風起雲湧，影響極大的運動，可是當時西方的重要思想家往往只認為它是歷史發展中一個暫時過渡的現象，而不賦予深遠的意義，因此他們在預測二十世紀歷史發展的時候，都沒料到民族主義所扮演的重要角色。他們都沒有想到，在二十世紀發生的驚天動地事件，如兩次大戰以及在亞非地區所發生的一連串大革命都與民族主義有密切的關係。照理說，有了二十世紀這段經驗以後，今天人們面對新的世紀，應該不會再忽視民族主義的重要性了。但說也奇怪，目前在西方頗具代表性的兩個學說，一個是亨廷頓（Samuel Huntington）的文明衝突說，另一個是福山

(Francis Fukuyama)的歷史終結論[1]。前者認為決定未來的世界主要是西方現代文明與非西方地區以儒家和伊斯蘭教為代表的兩個傳統文明的衝突。後者則認為,當今之世,在共產陣營崩潰之後,人類歷史終於歸結到一個以自由民主與資本主義為主導的世界。這兩種看法都意謂著民族主義在未來的世界裡沒有舉足輕重的地位。

今天盱衡新世紀的未來發展,我們對這些西方流行的看法是很難接受的。至少就中國而言,不論個人對民族主義的價值判斷,我們不能否認民族主義在二十一世紀仍將會是令人重視的力量。在這篇短文裡,我想從歷史的角度對近代中國的民族主義的發展與性質提出個人的幾點省思。

(一)民族主義不是中國傳統文化的特徵,而是中國近現代歷史發展的產物,這裡我要特別強調1895年以後大約二十五年這段時間的重要性,主要因為那段時間是中國由傳統過渡到現代的關鍵時期。而民族主義產生的幾個必要條件就是在這關鍵時代才出現。什麼是這些必要條件呢?

1.首先是外來的帝國主義的刺激。不錯,中國受到帝國主義的威脅是開始於十九世紀初葉的鴉片戰爭。但大致而言,由鴉片戰爭到1895年中日戰爭以前,帝國主義平均大約每二十到二十五年對中國實行軍事侵略一次,而這些軍事侵略的主要目的不是領土的占領,而是經濟利權的剝削。也可以說在1895年以前帝國主

---

1   S. P. Huntington, *The Clash of Civilization and the Remarking of World Order*（New York: Simon & Schuster,1996）; Francis Fukuyama, *The End of History and the Last Man*（New York: Free Press,1992）.

義對中國的壓力是慢性的與漸進的。但1895年以後這壓力驟然升高，由慢性的帝國主義升高為急性的帝國主義。西方列強加上日本對中國的壓力在這期間以各種形式密集展開，步步進逼。而這帝國主義的壓力也由經濟的剝削伸展為領土的擴奪以及多種形式的政治軍事的侵略。是在這種急性帝國主義的刺激下，才有1895年以後「合群救亡」、「保國保種」的迫切感[2]。這種迫切感的出現是民族主義形成的一個先決條件。

2. 了解民族主義的興起，我們必須進一步考慮中國文化與社會在近現代，特別是1895年以後所產生的巨變。這個巨變也與西方的衝激有著密切的關係。這裡我們必須記住，西方的衝激不僅帶來帝國主義，而且對中國文明的各層次有著轉化性的影響，科技層面是如此，制度與思想的層面也是如此。這些影響逐漸醞釀成近現代文明轉型的巨變。這個巨變醞釀於十九世紀中葉與晚期，而在1895年以後全面展開。首先是傳統政治秩序由動搖而崩潰，同時傳統文化思想的核心價值也開始解紐，基本取向失落。中國由此逐漸陷於深巨的政治與文化危機。在這個時候，教育階層，特別是知識分子，亟需替自己的政治認同、群體的歸宿感與社會價值取向，找一個新的凝聚點與新的指標。一言以蔽之，即新的精神核心。當時許多人就在民族主義找到這個精神核心。因此1895年以後民族主義應運而生也與這

2　Hao Chang, "Intellectual Change and the Reform Movement, 1890-8"; in *The Cambridge History of China*, Vol. 11, edited by John K. Fairbank and Kwang-ching Liu（Cambridge University Press, Cambridge, England, 1980), 273.

種文明轉型過程中所產生的思想與精神危機有著密切關係[3]。

3. 民族主義出現的另一個重要條件就是現代傳播媒體網絡在1895年以後大規模的出現。這傳播網絡是中國現代文化基層建構(cultural infrastructure)的起始點，它是以三種制度為基礎。首先是新型的報刊大規模的出現。1895年以前中國只有極少數的報刊，而且多半為外人或出身買辦階層的人所辦。這種邊緣性的報刊影響不大。1895年以後中國上層知識精英開始辦報，導致精英型報刊(elite press)大量出現。由1895年到五四運動25年間，報刊發行由15種躍升為幾百種之多。與精英報刊聯帶出現的是有現代企業雛形的大型出版公司。中國在二十世紀上半葉的三大書局(商務、中華、世界)都是在轉型時代出現的。這些大型出版公司與菁英報刊在散布新思想上有相輔相成的功能。另外一個構成以後的傳媒網絡的制度基礎，是新型學校制度取代了傳統的考試制度與書院組織。這些新型學校，特別是現代的大學制度，變成新思想的溫床與集散地。再次是自由結社的社團。在傳統時代，特別是有清一代，這種社團是被禁止的。現在它如雨後春筍似地大量出現於1895年以後的知識分子階層裡，也變成新思想的溫床與集散管道[4]。

我在這裡要特別強調，由這三種傳播媒介所形成的網絡，對於民族主義在1895年以後產生的重要性。首先是透過這個網絡，西方現代民族主義所特有的觀念範疇、語言詞彙得以引進

3　張灝，〈中國近代思想上的轉型時代〉，《二十一世紀雙月刊》(香港：中文大學，1999年4月號，總第52期)，頁32-36。

4　同上，頁29-31。

並散布開來。如國家的主權至上、領土的完整性、利權的不可分割性，以及以社會達爾文主義為理論肩架的種族與民族競爭世界觀等等。其次是透過這個網絡，這些來自西方的民族國家觀念與種族競爭的世界觀，得以與來自中國傳統的族群意識相匯合並加以催化，從而形成中國現代的國族觀念，也就是以中華民族為標誌的民族主義。總而言之，基於這些認識，我可以說，沒有1895年以後的傳媒網絡，就沒有現代中國的民族主義。因此我同意一些西方學者如Karl Deutsch與Benedict Anderson強調現代傳媒對於民族主義產生以及散布的重要性 [5]。我也因此可以了解今天西方的一些學者，特別是屬於後現代主義的學者所提出的一個觀念，那就是民族是一個由文化構想而產生的社群（an imagined community）。但是同時我也對這種了解有相當的保留。因為我並不像有些後現代學派的學者那樣，認為民族主義的產生是現代文化的鑿空構想，無所憑藉，這就牽涉到我今天對民族主義省思的第二點：現代民族主義是由傳統的族群中心意識墊底與轉化而產生。

（二）如上節上示，民族主義之所以在1895年以後的轉型時代湧現，帝國主義的壓力急遽升高，新型傳媒網絡出現，加上傳統政治與文化秩序的解體，這些因素固然重要，但只是必要的條件，而非充分條件。也就是說，這些條件必須與來自傳統文化土壤的族群意識相配合，才能產生以中華民族為標誌的現

5　Karl Deutsch, *Nationalism and Social Communication*, 2nd ed. (Cambridge, Mass: M.I.T. Press, 1966); Benedict Anderson, *Imagined Communities:Reflections on the Origin and Spread of Nationalism* (London, 1991).

代中國民族主義。

　　所謂傳統的族群意識，是指近現代以前住在中國本土的大多數漢人，長久以來，多多少少都有一種「同文同種」的意識與感覺。也就是說，他們之間有一種自覺的共同根源聯繫或紐帶（primordial attachments）。所謂根源紐帶是指他們有共同的自我稱謂，如「華」或「夏」，或「華夏」或「漢人」，其次是指血緣上的相似點與地緣上的共同性。再其次是指共同文字，共同的風俗道德，共同的儀節以及共同的記憶。由於這些共同的根源紐帶，他們有著相當程度的生命共同體的感覺，這種感覺我們可稱之爲漢人的族群中心意識[6]。

　　傳統的漢人族群中心意識有一個特點，就是在這些根源紐帶中，他們比較重視文化的紐帶，以別於血緣與地緣的紐帶，反映於他們的華夷之分或夷夏之分的觀念。特別就華夷之間的政治關係而言，例如政治認同與政治從屬關係，他們是比較重視文化的紐帶，而比較不重視血緣與地緣的紐帶。只要外人也即所謂的蠻夷能接受漢人的一些基本文化觀念，則漢人可以與之建立政治認同關係與政治從屬關係。中國歷史上漢以後所謂的蠻夷能夠時常入主中國建立「征服王朝」，統治漢人便是明證。有的史學家因此認爲傳統中國的文化意識高於一切，稱之爲文化主義以別於現代人的民族主義。

6　關於根源紐帶，見Anthony D. Smith, *The Nation in History, Historiographical Debates about Ethnicity and Nationalism* (Polity Press, Cambridge, UK, 2000), 20-26；並參閱王明珂，《華夏邊緣：歷史記憶與族群認同》（台北：允晨文化實業股份有限公司，1997），頁37-38。

　　我認爲這種看法，失之於過份簡化與誇大。誠然，傳統漢人的族群意識是有重視文化因素的傾向。但這傾向不是絕對的，而是相對的。因爲在這族群意識裡面，非文化的因素，如血緣與地緣的紐帶仍有其分量，在決定傳統的華夷關係上，一般而言，它們的比重不如文化紐帶。但在有些時候，特別是在與外族關係緊張，漢人處於弱勢的地位的時候，如南北朝、南宋、元朝及晚明，中國人對異族的態度也時而強調華夷之間體質與地緣差別而有種族排外的趨勢。晚明思想家王夫之提出的「氣類」與「種性」的觀念就是一個很好的例子。

　　王夫之認爲人與世界萬物都是以氣爲底質構成的，但氣不純是物質性，而是兼有物質性與精神性。同樣重要的是，氣可以分爲不同的類別。因此華夷之分可以代表不同的氣，而鑒於氣是兼有精神性與物質性，華夷之分可以代表精神與道德的差異，也即文化的差異，同時也可以代表體質性與血緣性的差異，也即王夫之所謂的「種性」的差異。因此他論華夷之別，有時主要指精神與道德的差異。例如他用「清氣」與「賤氣」來分別華夷。但有時主要指體質與生物性的差異。例如他認爲蠻夷與禽獸很接近，甚至等同。他這種「氣類」、「種性」的觀念在傳統文化裡也有相當的代表性[7]。它在漢人的族群意識裡雖然沒有文化意識那樣重要，但常常潛存於底層，時而由於歷史環境與政治局勢的變化而浮現表層，因而掩蓋這意識中的開放

7　蕭公權，《中國政治思想史》，蕭公權全集之四（台北：聯經出版事業公司，1982），頁677-682。

性，突顯其排他性。

1895年以後，這種情形重現於漢人的族群中心意識，形成傳統文化對中國現代民族主義的一個重要影響。總之，中國民族主義與以中華民族為標誌的國族觀念在近現代出現，是由外來的影響與傳統文化內部的催化與積澱共同促成的。不錯，它們是出於轉型時代的文化構想，但這文化構想，不僅僅出於當時人的臆想虛構，而是有歷史傳承的墊底與文化積澱的憑藉。

（三）根據我在上兩節對中國民族主義思想形成的分析，我們可以進一步說：這個思想潮流是轉型時代的中國知識分子，在內外的影響之下，對歷史記憶作一番重新組合與建構的結果——這些歷史記憶的新組合環繞著一些核心觀念：那就是：所有中國人，因為彼此之間存在著一些根源性的聯繫，形成一種生命共同體；這根源性的聯繫，首先是指所有中國人像一個大家族一樣，來自共同的祖先，因此自稱黃帝子孫或炎黃子孫，由共同的鄉土——中原散居各處，因此使用共同的文字，遵守共同的生活習慣與行為準則，而且這個族源也開啟了一個綿延不斷的歷史文化傳承，透過一連串典型的歷史人物與事蹟，一直貫串到現代的中國人，使得他們有共同的記憶。

中國現代民族主義在1895年出現以後，立刻就面臨一個非常棘手的難題。中國是一個多元族群的國家，除了漢人，還有許多其他的族群。更麻煩的是當時統治中國的族群，不是多數的漢族，而是少數的滿族。面對這個問題，1895五年以後的中國知識階層分為兩派，一派認為中國民族主義應以反帝為主要目標，對內求滿漢的共存與合作，也就是說，民族主義應以中

國作為一個領土國家為取向，以取得這領土境內所有的民族認同，而不應以嚴格的漢人族群意識為取向。這一派人自稱這種民族主義是「大民族」主義，以別於他們所謂的「小民族」主義。後者是他們用以形容另外一派的民族主義。這一派堅持中國民族應以漢人族群意識為內容，因此以排滿為主要取向。這兩派在二十世紀初年展開激烈的爭辯[8]。1911年辛亥革命成功，滿清政權崩潰，以排滿為取向的小民族主義一時失去目標，同時，新成立的政府以中華民國為國號，宣布滿漢蒙回藏五族共和。表面上求中國境內的多元民族共存合作的「大民族」主義取得勝利，但重要的是，骨子裡真正發生作用的仍是「小民族」主義。因此，中國在二十世紀的民族主義主流，對外是以反帝為取向，對內則是以漢人族群中心意識為實質。

　　這裡值得提醒的是，民族主義在二十世紀的中國，不是屬於某一個特定的政治運動，或者特定的思想學派，而是到處瀰漫的思想氣氛。這種思想氣氛，在散布的過程中，大約可以分為兩類：一種是政治的民族主義。它是針對帝國主義的壓力，要求中國變成一個獨立富強的民族國家。為了達到這個目標，這種民族主義在文化思想的立場上，可以不受傳統限制，極富彈性，求變性常常很高。另一種是文化的民族主義。它的前提是：任何一個民族國家，必須要有獨特的文化性格，以表現其獨特的民族性或民族精神，才能在民族競爭的列國之林裡，有

8　Hao Chang, *Liang Chi-chao and Intellectual Transition in China* (1890-1907). (Harvard University Press, Cambridge, 1971)，261-262；朱浤源，《同盟會的革命理論》(《中央研究院近代史研究專刊》50，台北，1985)，頁63-90。

其獨特的價值與地位，才能維持其文化尊嚴。在這個前提上，有些人認爲（如康有爲以及當代的新儒家）獨特的中國民族精神是存在於傳統的儒家思想裡面。也有人認爲（如章炳麟與所謂的國粹學派），中國的民族性是存在於中國的歷史傳承與語言文字裡面。因此這種文化的民族主義的保守性常常較高，而有別於政治的民族主義。大致而言，籠罩二十世紀中國的兩大政黨，共產黨與國民黨都含有強烈的民族主義。共產主義比較傾向於政治的民族主義，而國民黨則比較傾向於文化的民族主義。

（四）最後，在對中國近現代民族主義的產生與它的基本性格作了大略的剖析以後，我想討論一下民族主義的歷史評價問題。首先，中國近現代開始的一個世紀，正是世界上帝國主義的高潮時期，如果沒有民族主義的精神武裝，中國恐怕早已步許多亞洲國家的後塵，淪爲帝國主義的殖民地。再者，今天我們雖已置身於所謂後帝國主義後殖民主義時代，但誰也不能否認，帝國主義的心態與行爲仍然不時出現在國際關係中，同時，經濟上的全球化趨勢與文化上「地球村」的普世理想仍然未能取消民族國家之間的畛域。民族之間的競爭仍然是新世紀國際現實的一個主趨。因此今天評價民族主義，不能否認在近現代世界的發展過程中，它是有其重要的正面功能與意義。

更重要的是，在肯定民族主義的正面功能時，我們必須記住它的不穩定性，時而展現其偏激與狂熱的傾向。就此而言，民族主義在近現代世界所造成的巨大災害，已是有目共睹，不需我在此再作評論。我只想就中國在二十世紀的歷史發展，指

出我們對民族主義的偏激性與危險性應有的警惕。

　　方才我曾經指出：1911年辛亥革命以後，在形式上是所謂的大民族主義取得勝利，不論是中華民國或中華人民共和國，就表面的政策而言，都是把國族的觀念擴大，容納漢族以外的少數民族，以平等合作的地位，共同形成新的中國。但是骨子裡，國族觀念仍然是以漢族族群中心意識為主體。這種漢族的文化霸權意識，時而表現在政府對少數民族的統治上。例如對日抗戰時，國民黨政府在大陸西南如廣西、貴州諸省強行推行改變少數民族的風俗習慣，以符合漢人的文化標準，最能反映漢族的族群霸權意識[9]。1949年以後，中國大陸雖然為少數民族成立自治區，強調境內各民族平等，但其官方主導思想仍然認為少數民族的宗教習俗是「封建的」、「落後的」，應該加以改造。從表面看去，這種態度反映馬列思想中現代性的文化霸權意識，但實質上，未嘗不攙雜一些漢人的文化優越感，例如在大陸學界，關於對少數民族的看法，費孝通近年提出「多元一體」的理論很具影響力，而學者對這理論的詮釋，特別是有關「一體」的理解，時而透露出傳統漢人的文化霸權意識[10]。例如大陸學者張璇如，在對這理論作詮釋時，首先他就響應楊向奎贊成傳統文化的「一

9　張有雋，徐杰舜主編，《中國民族政策通論》（南寧：廣西教育出版社，1992年），頁117-149，213-235。關於中華民國時期的民族政策，頁157-180。

10　費孝通等著，《中華民族多元一體格局》（北京：中央民族學院出版社，1989），頁1-36。

統」和「大一統」的思想，強調這種觀念「三千年來浸潤中國人民的思想感情，代表一種向心力，一種回歸的力量」，而不認為它代表狹隘的民族觀點。他說，「華夏文明，照耀天地間，使人們具有自豪感和自信心，因而是無比的精神力量，他(指楊向奎)要求人們統一於華夏，統一於中國。這華夏不能理解為大民族主義或是一種強大的征服力量。它是一種理想，一種自民族，國家實體昇華了的境界。這就是所謂大同。」[11]這裡傳統華夏中心的族群意識呼之欲出。

這種漢族的文化霸權意識不但反映於二十世紀中國政府的政策，也是學術界與知識分子思想的一個盲點。這不是偶然，中國現代知識階層於二十世紀初年開始出現，經過轉型時代與五四的思想革命，對於許多問題都作過一些自省與反思，惟獨對民族主義缺乏深切的自我反思與批判。例如作為研究少數民族的現代科學──民族學，從一開始出現，即被漢人的族群意識所感染。在1936年《民族學研究集刊》的創刊號上就有學者黃文山寫的〈民族學與中國民族研究〉一文，裡面他引孫中山的話：「吾人既實行民族主義，當以美國為模範，以漢人之文明，另造一五族混合之新民族」，然後他根據這句話，提出三項建議使中華民族變成「全世界第一大民族」。其中有一項建議：「要使各區之淺化民族與比較先進之漢族，加速同化。所謂同化者，即以各族文化為基礎，使

11　張璇如，〈新觀點新體系新探索〉，收於費孝通主編，《中華民族研究新探索》(中國社會科學出版社，1991)，頁16-22。

之吸收漢化及西化，與漢族並進，如此則整個中華民族可以於最短期間，孕育更善更美之新型文化。」[12]

　　更能透露一般知識分子的漢族文化霸權意識，是一些影響廣被的當代國史觀念。這些觀念是轉型時代出現的新史學發展的結果。當時建立新史學的領袖人物梁啓超與章炳麟，都是以民族主義爲其出發點，而他們的民族主義，都含有不同程度的傳統漢人族群中心意識。五四時代的反傳統思想，曾就傳統史學中的古史建構作了一些深入的反思，但這反思並未伸入到新史學的民族主義史觀。因此五四以後最具代表性與影響力的國史觀念，不論五四新派或者保守派，都是以漢族的歷史文化發展爲主軸。

　　五四新派史學，我們可以傅斯年爲代表，他在〈中國歷史分期之研究〉這篇文章裡，討論中國史的分期，就明言他是以「漢族之變化升降」爲標準，根據這個標準，把中國史分爲三期：認爲隋以前爲「第一中國」，由隋至宋爲「第二中國」，宋以後，用他的話說：「全是胡虜之運。」[13] 此處用「胡虜」兩個字，很顯然反映傳統漢族對少數民族的偏見。至於保守派的史觀，我們可以錢穆爲代表。他寫的《國史大綱》，影響極大，也是以漢族政治與文化的升降與發展爲主軸來討論國史。例如他討論魏晉南北朝這段歷史就是以他所謂的「五胡蠻夷」

12　黃文山，〈民族學與中國民族研究〉，《民族學研究集刊》，第一期(1969)，頁21-22。

13　傅斯年，〈中國歷史分期之研究〉，《傅斯年全集》(台北：聯經出版事業有限公司，1980)，第四冊，頁176-185。

如何被漢化，如何被中國文化所吸收爲主題[14]。總之二十世紀
中國人的歷史文化與政治觀念都有意無意地反映漢族的文化霸
權意識。這種意識與今天沿著中國邊境所發生的族群解體的危
機有著密切關係，是中國民族主義的一個陰暗面，值得我們深
切地警覺與反思。

　　民族主義的另一局限與危險性，來自它與民主化及現代化
之間有牴牾的可能。要認識中國民族主義在這方面的問題，西
方史家柯恩(Hans Kohn)對民族主義作的一些剖析，很值得我們
參考。他把民族主義分爲兩類，自發式的(voluntary)與有機式的
(organic)[15]；前者主要指近代在西歐與北美出現的民族主義。它
的出現有其社會土壤，那就是在西歐十七、十八世紀出現的以
強大中產階級爲基礎的公民社會(civil society)。這種社會以個人
主義爲本位，以自由結社爲組織原則。在這種社會裡產生的民
族主義，自然也帶有這些基本性格。因此這種民族主義相信，
人是不能離開民族國家而生存，但人可以透過自由選擇而決定
自己屬於哪個國家。也可以說，民族國家本身就是一個以社會
契約爲基礎的自由結社組織。因此這種民族主義所強調的群性
並不掩蓋個性，在這裡個人和群體可以得到平衡的發展。這種

14　錢穆，《國史大綱》(上)(台北：商務印書館，1965)見引論，頁16-17；
　　第十五章〈北方長期之混亂〉，頁180-188；頁188。綜論五胡十六國
　　之歷史，有云「諸胡雖染漢化，然蠻性驟難消除，往往而發，最顯
　　見者曰淫酗，曰殘忍，惟其淫酗，故政治常不上軌道，惟其殘忍，
　　諸胡間往往反覆屠殺，迨於滅盡。」

15　Anthony D. Smith, *The Nation in History, Historiographical Debates about
　　Ethnicity and Nationalism*, 6-10。

民族主義，史家有時也稱之爲公民式的民族主義（civic nationalism）。

與這種民族主義成對比的是在東歐、俄國及非西方地區常見的有機式的民族主義，也稱族群式的民族主義（ethnic nationalism）。培養這種民族主義的社會土壤是傳統社會常見的金字塔型的社會結構：上面是少數的統治階層，下面是大多數被統治的農民，中間缺乏一個強大的中產階級，從而沒有一個公民性的社會組織，個人主義的社會觀念也很弱。因此它所產生的民族主義常常帶有強烈的集體主義性格，視國家民族爲一有機體的組織，個人是這有機體的細胞，沒有獨立的價值。總之就群體與個人之間的關係而言，自發式的與有機式的民族主義之間有很大的差別。

大致而言，中國現代的民族主義是近乎後者。最能反映民族主義這種性格是它所含有的「大我心態」。所謂大我是指民族群體，以別於個人小我。這裡的大小之分，也代表價值的高低。因爲中國人受傳統的影響，往往把個人分爲兩層：外在形體的自我與內在的真我。後者是個人的精神主宰，在價值上屬於較高的層次，因此也稱大我，以別於低層次的形體小我。中國民族主義的危險性是它透過大我小我之分，滲透入中國人的意識深處，影響其對個人的觀念，認爲民族是個人內在精神的大我，是神聖的、永恆的。而個人是外在形體的小我，是可有可無，無足輕重的。爲了民族的大我，個人是可以犧牲的。這種民族大我的心態，與個人自由人權觀念相牴牾，曾經是中國民主化過程中的一個大障礙。

除了大我心態，以漢族族群中心意識爲主幹的中國民族主義還有一個特徵使得它難以捉摸，時而展現其偏激性與極端性，這就是我所謂的華夏情結。這是由過去光榮的記憶與現在的屈辱或與自譴感所交織成的一種複雜心理。中國傳統文化自稱華夏文化，自視爲世界的中心，在近現代受到種種的挫折與屈辱以後，有時產生盲目仇外與自我狂大兼而有之的情結。這種情結很容易在民族主義裡寄生，使得民族主義也潛藏一種義和團式的極端主義趨向，時而把中國帶上反現代化偏激自殘的道路。

因此中國民族主義是一個性格很不穩定的思潮，是一把雙面刃，有它建設性的一面，也有它破壞性的一面。就它的破壞性而言，它可以造成族群解紐的威脅，也可以變成現代化與民主化的絆腳石。

總之，今天瞻望新世紀，至少在中國，民族主義仍將是一個舉足輕重的思想潮流。我在這篇演講中從歷史的角度對它作了一些省思，可以歸結爲四點：一、民族主義是中國近現代歷史的產物。更具體的說，它是中國人在1895年以後對當時形成的政治與文化危機的一種回應。二、民族主義雖然不是中國傳統的產物，但它的形成仍然受到傳統積澱的影響，尤其是傳統漢族的族群中心意識。三、中國現代民族主義有其複雜性，表面上它是多元族群的凝聚，但實質上它是以漢人族群中心意識爲主體，同時它表現的形式可以是政治的激進主義，也可以是文化的保守主義。四、中國的民族主義也與現代世界其他地區的民族主義一樣，有其不穩定的危險性，特別是隱藏其中的漢

族文化霸權意識、華夏情結與大我心態。它在政治與文化上可
能引發的偏執與激情，仍然是中國在二十一世紀的前途的一大
隱憂。

大民族主義 vs. 小民族主義

——族群解紐的危機與困境

　　我是學歷史的，我想從歷史的角度，就民族主義的興起和發展作三點說明。首先是民族主義興起的時間問題。

　　關於這個問題，我是接受一般學者的意見：民族主義在中國主要是近代歷史文化的產物。但在近代我要特別強調1895年以後大約25至30年這一段時間的重要性，它在中國是由傳統過渡到現代的一段關鍵時期，我稱之為「轉型時代」。我認為民族主義主要是在這個時代產生的。我之所以持這種看法，主要是因為民族主義的一些必要的條件，都是在這個時代才出現。今天不能對這些必要的條件一一細講，但我要單挑其中一個條件來說明。我認為這個條件特別重要，但常常被忽略。這就是1895年以後在中國開始出現一些新的文化制度，這些文化制度形成了一個文化傳播的網絡，變成民族主義產生的溫床。

　　這裡所謂的文化制度，我是特指三種文化制度。第一種是現代的報章雜誌。在1895年以前並不是說沒有報刊雜誌；有的，

但是為數極少，而且都是外國人或者出身買辦階級的人辦的，
影響有限。可是從1895年以後，中國的文化精英和知識分子開
始自己辦報，而且為數很多。1895年中國全國只有十幾家報紙，
可是經過這個轉型時代的發展，到了五四已有幾百家報紙。與
報紙同時出現的是一些有現代出版企業規模的書局。比方說，
在二十世紀上半葉，有「三大書店」之稱的商務印書館、中華
書局、世界書局，全都是在這個時代出現。這些現代型的出版
企業和報紙相輔相成，變成散播新知識、新思想的一個重要工
具。

　　除此之外還有學校。大家都知道在傳統時代，教育制度受
限於考試制度，特別是有清一代，書院制度大大衰落。可是在
1895年以後中國開始出現新式學堂，這些新式學堂也變成散播
新知識、新思想的一個重要的管道，尤其是大學。在1950年代
以前，中國所有的大學幾乎90%是在這個時代出現的。再加上
另外一種組織，就是當時所謂的學會，它是一種自由結社的社
團，在以前是沒有的。學會在這時大量出現，也變成散播新知
識、新思想的一個重要的管道。總之，這幾種制度結合起來，
形成一個文化傳播的網絡。中國民族主義可以說就是透過這個
網絡產生的。套用「後現代」的語言，我們可以說中國的民族
主義是由這個文化網絡所產生的文化想像、文化意識所建構
的。

　　不過我要強調，所謂建構並不是沒有憑藉的鑿空建構。它
的一個很重要的憑藉，就是來自傳統的漢人族群意識。大家知
道中國境內有很多族群，但最大的族群是漢族。漢族在歷史發

展的過程中，發展了一種「同文同種」的意識，那就是說他們自覺彼此之間有一些人類學家所謂的根源性的紐帶——血緣的、地緣的、文化的等等，因此漢人多多少少覺得自己是一個生命共同體。這個漢人的族群意識還有一個特點我要特別強調，那就是它相對於其他族群感到的文化優越感。長期以來它在中國是享有文化霸權的，因此漢族的文化意識也就是漢族的文化中心意識。這個漢族的文化中心意識後來在二十世紀的中國民族主義發展中發揮了很重要的影響。這就是我所要講的第二點。

我剛剛講的民族主義是1895年以後出現的，當時民族主義分成兩類：一種是小民族主義，一種是大民族主義。所謂小民族主義就是以漢人族群中心意識為實質，而以排滿（打倒當時滿州政權）為取向。當時還有一些人主張大民族主義。什麼叫大民族主義呢？就是聯合中國境內所有的族群或民族，特別是求滿漢的合作，以共同抗禦帝國主義，所以是以反帝為取向。就這兩種民族主義，中國的知識分子從1895年到1911年之間展開辯論。到1911年辛亥革命成功，滿清政權垮台，中華民國成立，宣布中國未來將是「五族共和」，所以從表面看來是大民族主義勝利；而小民族主義因為滿清政權崩潰，似乎沒有存在的理由與空間，可是事實上並不然。不錯，從表面上看，是大民族主義占著優勢，因為從1911年以後，中國兩個主要的政權，一個是國民黨的國民政府，另一個是共產黨的人民政府，它們對少數民族的政策，都是肯定大民族主義，把「五族共和」的原則擴大，認為境內所有民族都應該有平等的地位，讓它們自由

的發展。但這是表面上的情形，事實上並不那麼簡單。在這個大民族主義運作的過程中，傳統漢人的族群的中心意識仍然在發揮支配性的作用。我現在就以孫中山為例子，對此稍加說明。他對中國少數民族的態度，不論是就以後國民黨政府或共產黨政府而言，都很具有代表性。他曾說過一句話：「吾人即實行民族主義，當以美國為模範，以漢人之文明，營造一五族混合之民族。」這裡的美國模式是指一種民族大熔爐的構想，認為歡迎你們到美國來，可是到了美國以後，你們可要融入我們白種人所建立的西方近代文明的爐灶裡面。孫中山也有這「美國模式」的構思。中國境內各民族要以漢人的文明為基礎、為本位去融合，這種態度與立場實質上經常反映於中國國民黨政權與共產黨政權對少數民族的政策。

同時我也要指出，這種以漢人為族群中心意識為主的民族主義，不僅限於政府，而且它在中國的知識分子裡面也是很普遍。現在我就單舉一個例子。1936年《中國民族學研究集刊》出版，在這個創刊號裡有一篇文章，是一個當時蠻有名的學者黃文山寫的，他認為中國民族學研究的一個基本原則是民族主義，而他講清楚，民族主義就是要採取孫中山的立場：以漢人的文明，去融合境內其他族群的文明，也就是說要在中國各地區以漢人的文明來提高其他人的文明。他這種態度，在當時是很有代表性的。總而言之，就二十世紀民族主義的主趨而言，我想是有兩個特徵值得注意，一方面是以反帝為取向，另一方面，它的實質是以漢民族的族群中心意識為主。這種民族主義與漢人的文化霸權態度，很自然造成漢民族和其他民族來往之

間的緊張性，也與近年來在中國周邊出現的族群解紐現象有很深的關係。因此我的第三點就是要對中國二十世紀以來，在周邊這個族群解紐的現象作進一步的說明。

在中國，族群解紐是個老問題，遠的不講，就從我剛才提到的那個「轉型時代」開始去看。我們知道，1895年到1911年是傳統中國政治秩序由動搖到最後崩潰的一段時間，崩潰以後產生兩個非常嚴重的後遺症，其中一個是政治制度的危機，也就是說1911年傳統政治秩序崩潰以後，中國一直缺乏持久的穩定性和合法性的一種政治制度。這是中國到今天仍然面臨的一個危機。同時，傳統政治秩序崩潰後，還帶來另一後遺症，那就是族群解紐的現象。這個現象實際上不是始於1911年，而是始於1895年。大家都知道1895年台灣割讓給日本，從此以後種下台灣與大陸之間緊張關係的因子。1911年大清帝國崩潰，西藏、蒙古隨即宣布獨立，從那時以後，族群解紐這個現象一直在蔓延，一直演變到今天的西藏問題、新疆問題、台灣問題等，總而言之，已經造成一個嚴重的民族整合的危機。

也可以說，二十世紀初年出現的大民族主義與小民族主義的爭執，今天又以一個新的形式出現。當年限於知識分子之間的爭論，今天已經深化為族群之間實質關係的問題。大民族主義主要是漢人的願望，想把中國境內各族群結合成為一個統一的民族國家，而小民族主義是指境內的一些少數民族另有懷抱，希望自主自立。這兩者之間的衝突就是我所謂的民族整合危機。我相信今後這個危機還會更嚴重。為什麼呢？因為大家都知道，最近的二十年中國在開放，現在已經加入世貿，開放

的步伐會更快，也就是說現代化的趨勢必然日益深入廣大的中國內陸。中國從前所謂的現代化多半是限於東部沿海的大城市，但自從20年前開放以後，它逐漸滲入內陸，而我相信在未來的10、20年會更加廣泛地深入。根據亞非地區發展的經驗，我們知道這個現代化所到之處有一個影響，就是會提高當地人的政治意識。而中國的內陸有很多少數民族，特別是在西南、西北。現代化滲入這些地區，提高少數民族的政治意識，也不可避免地連帶提高了它們族群的自覺。這種趨勢必會增加中國境內民族間，特別是漢民族與其他少數民族之間的緊張關係，也就是中國現在所面臨的民族整合的危機、族群解紐的趨勢，會愈來愈嚴重。這種危機可以說是現在中國民族主義所面臨的最大挑戰。這個挑戰也構成中國今天政治危機的重要一面，另外一面就是我剛剛提到的政治制度的危機和民主化的問題。民族整合危機這一面雖與制度危機有同等的嚴重性，卻比較不為人注意，因此今天我要特別提出來作簡短的說明，並且供給大家討論。

（本文發表於2002年香港科技大學「夢縈中國：民族主義的反思與挑戰」論壇。）

世紀末的危機意識

　　評論一個時代，本非易事，何況評論自身所處的時代，更何況這時代是歷經巨變、天旋地轉的二十世紀。今天面對這行將消逝的世紀，只有縮小視野，把它放在中國歷史的脈絡裡作一鳥瞰，希望藉此對這世紀增加一些歷史的透視與時代的警覺。

　　對中國歷史稍有認識的人都知道，中國在近現代以前的歷史不是只有朝代的循環輪替、長程累進的演變，就中國文化的各方面而言，幾乎是無代無之，但是在文明的核心發生結構性的巨變，則是屈指可數。

　　我所謂的文明核心，是指中國文化自從公元前2000年至1000年之間，躍升至文明層次以後所逐漸展現的一些基本制度與思想的改變。這裡所謂的基本制度與思想是指政治領域裡的普世王權，社會領域裡的家族制度與士族階級，以及文化領域裡有系統的宇宙觀與價值觀。這種基本制度與思想因受到衝擊而起了不同程度的變化，在中國歷史上只發生過三次：晚周的軸心時代、佛教流入的南北朝，以及近現代。如論變化速度、廣度與深度，近現代遠超過前二者，它帶來的是文明轉型的變化。

　　近現代的歷史變化，雖然開始於十九世紀初葉，但那以後的變化卻長久停滯在文化的邊緣，只限於工業技術、行政制度與業務運作等層面。變化提升到文明核心的層次是1895年以後、二十世紀初才廣泛地展開。因此，二十世紀一開始便籠罩在由文明核心巨變所造成的危機之下。

　　首先是傳統政治秩序的解體。這個秩序的基礎——普世王權，自1895年以後即開始受到當時精英階層所發動的改革與革命運動直接或間接的衝擊，終於在1911年崩潰。因此，在二十世紀初所看到的不僅是清王朝的瓦解，也是三千年以來支撐傳統政治秩序的制度基礎之瓦解。同時，隨著普世王權的崩解，西藏與外蒙也先後宣布獨立，加上1895年台灣之割讓於日本，這一連串的事件是中國境內政治社群（political community）解紐的開始，在當時不爲人注意，卻是傳統政治秩序在二十世紀初解體的另一面，對本世紀後期的政治發展有著深遠的影響。

　　其次是文化基本取向的失效。這種文化深層的危機有三個層面。這三個層面都是導源於傳統文化主流的核心觀念的解體。此處的核心觀念是指儒家思想的基本價值觀與宇宙觀的組合。首先就價值觀而言，源自儒家禮教的規範倫理在二十世紀初年就已開始全面解體，而傳統的德性倫理也逐漸動搖而失序。同時傳統以「天人合一」觀念爲核心的宇宙觀，也受到西方以科學爲主軸的自然主義的衝擊與侵蝕。這種核心思想的解體所產生的最直接後果，是基本道德與社會價值取向的失控，間接的後果則是文化認同取向和精神意義取向的失落。我們必須記住，中國文化傳統與任何其他文化傳統一樣，自己構成一

個意義世界(universe of meaning)。在這意義世界裡面，儒家的基本價值觀與宇宙觀，一方面供給個人與群體一些行為規範，另一方面也構成一組指標系統，不但替中國人相對於世界其他國家與文化作自我定位，而且也使他們對宇宙和人生有一全面的解釋，從而在這架構內認識生命的方向和意義。因此當支撐這「意義世界」的基本價值觀和宇宙觀失效時，文化認同取向和精神意義取向也會因此落空，造成精神上的空虛失落和情緒上的惶亂無主。

就社會經濟領域而言，從表面上看來，中國至少從二十世紀開始已經變成所謂的「二元社會」。一方面是沿海沿江的一些大城市中出現具有現代社會雛型的結構，另一方面是廣大內陸城鄉的傳統社會。但重要的是前者在中國社會的比重遠不如後者，因此，中國傳統社會經濟結構在進入二十世紀時尚未轉型。這種情形從二十世紀初年大約一直維持到1949年中共革命成功的前夕。但社會經濟未經結構轉型並不代表危機就不存在。因為農村是傳統社會經濟的支柱，而幾乎所有在二十世紀前半所作的社會調查，都顯示農村經濟正處於日益凋敝之中，農民的生活水平也不斷地在饑餓線下降落。1930年代，極負盛名的英國社會史學家唐尼(Richard Henry Tawney)應邀來華作社會調查，曾寫了一份極為詳盡的報告。他指出中國的農村社會急速地潰爛，農民的疾苦已到了山窮水盡的地步。因此，他預言在不久的將來，農村裡深重的苦難將會爆發為一場社會革命。可見二十世紀上半葉，中國的社會經濟結構雖無轉型的巨變，但其危機之深，並不下於文化領域中的取向危機與政治領

域中的傳統秩序之解體。

重要的是，中國在當時面臨的不僅是文明核心結構上的巨變，同時也是國族存亡的威脅。一方面是清王朝崩潰後所形成的軍閥割據，以及隨之不斷而來的內戰，國家陷於長期分裂。另一方面，帝國主義的侵略，自1900年前後也開始空前加劇，由此前以經濟剝削與間歇性軍事侵略為主的「慢性帝國主義」轉變成以連續不斷的軍事侵略與領土掠奪為主的「急性帝國主義」，中國被瓜分成殖民地的危機迫在眉睫。這內外交迫的緊急情勢，在當時形成近代以來空前的國族危機。

因此，中國在二十世紀前半期，一直籠罩在由文明核心結構的巨變與國族存亡的威脅所形成的雙重危機下。這雙重危機是中國共產黨在當時崛起的一個重要背景。也可以說，共產主義革命是對雙重危機的一個回應。而這革命在本世紀中葉的成功，似乎代表當時大多數中國人相信這番革命可以化解這雙重危機。但事實證明這是幻覺，革命的成功只是暫時掩蓋了危機。不錯，國族存亡的威脅在本世紀的後半期已不復存在，但文明核心結構的危機又再重現。

首先，讓我們來看看今天中國的政治秩序。它仍然面臨兩個嚴重的問題。一個是政治制度的問題。中國現存的政治制度，不論就政權的民意基礎而言，或者就權力轉移的穩定性或透明度而言，都只能算是過渡性的。中國距離一個穩定的民主法治仍然很遙遠。同樣對現存政治秩序有嚴重威脅的是，中國作為一個政治社群而言，正面臨解紐與分裂。今天西藏、新疆以及內蒙境內少數民族的問題，已非癬疥之疾。特別嚴重的是台灣

問題。兩岸對統一的看法歧異太大，對峙之局勢隨時可以引發
戰爭。而這戰爭可能替兩岸帶來無以估計的損害，國力民生又
要倒退幾十年。從這兩個問題的嚴重性看來，今天中國政治秩
序所面對的危機，仍是本世紀初年傳統政治秩序瓦解以後形成
的後遺症。

再看看文化思想領域。中國共產主義與毛澤東思想，在本
質上帶有濃厚的政治宗教性格。它當年之所以能有風靡一時、
籠罩人心的精神魅力，也正因為具備了這種性格。但是誰都知
道，文革以後，共產主義已經失去這種魅力而徒具形殼。大陸
上所謂三信危機是很自然的結果。加上近二十多年來資本主義
所掀起的物欲狂潮，使得中國在精神與道德上已成一片荒原。
本世紀初開始出現的文化取向危機，不但持續，而且變本加厲。

就經濟發展而言，中國改革開放以來曾經取得非常可觀的
成就，使得二十世紀上半期停滯的社會經濟結構有了轉型的發
展。但同時它在社會經濟的領域裡也引發了嚴重的問題。統治
經濟所遺留下來的種種贅疣，如國營企業的癱瘓，下崗工人就
業與生計之艱難，金融制度的不健全，以及貪汙舞弊的泛濫，
已是人盡皆知的沉痾。而經濟成長與改革也造成了中國社會的
一些畸形發展，如社會貧富不均日深，內地與沿海經濟的懸殊，
所謂「三農」問題日益惡化以及生態環境長年受到嚴重破壞，
在在都威脅著中國社會經濟的前途，甚至有觸發動亂的憂慮。

這些社會經濟、文化思想以及政治秩序領域裡所出現的危
機，顯示二十世紀的巨變已超出中國歷史上任何一個時期。中
國因此進入一個空前的文明轉型時代。在這轉型的過程中自然

呈現許多契機，但是如上所示，轉型過程的此刻卻也是危機重重，而且這些危機的種因都很深遠，不是短期所能解決，勢必延伸到及見的將來。因此在跨入下一世紀的時候，我們最需要的是對當前危機的認識與警覺，沒有這番警覺和認識，危機可以吞噬我們，一切對二十一世紀的期盼都將是奢望與幻想。

重訪五四：論五四思想的兩歧性

　　從1980年代以來，隨著海峽兩岸政治形勢的丕變與「文化反思」的展開，「五四」又變成眾所矚目、議論紛紜的中心課題。可喜的是，這番討論已經逐漸走出一些如「反封建」、「反帝」等政治套語的牢籠。可惜這些討論仍然時常陷入時下幾個熟悉觀念的窠臼——如民主、科學、民族主義與反傳統主義等。在大家的心目中，這幾個觀念似乎代表「五四」的核心思想。因此，它們構成了五四的基本形象。但是這形象是否可以涵蓋五四思想的全面？形象是否就是實質？不錯，五四思想在某一層次上，是環繞這幾個觀念而展開的。問題是，這幾個觀念都是意義相當抽象而浮泛的。究竟「五四」時代的知識分子如何瞭解它們？更重要的是，「五四」是由幾個思想內容不盡相同的運動所組成：1915年由陳獨秀創辦的《新青年》（原名《青年》，1916年改稱《新青年》）所發起的思想文化改造運動、1917年由胡適與陳獨秀所倡導的新文學運動，以及1919年5月4日由學生

示威遊行所引發的民族主義運動。就此而論,「五四」毫無疑問是一個多層多面的運動,有其複雜性。因此,今天要再認識五四,我們不能停滯在代表五四形象的幾個觀念。我們必須正視其複雜性,透過多種層面去探討其實質。

我認為要認識五四思想實質的複雜性,至少應從兩方面開始:第一是五四思想中的兩歧性;第二是五四和傳統思想的錯綜關係。關於後者,近年來學者已迭有論述,本文則主要針對五四思想的兩歧性略作分析。

什麼是五四思想的兩歧性?幾年前我在一篇討論五四新文化運動的文章裡曾有這樣一段話:「就思想而言,五四實在是一個矛盾的時代。表面上它是一個強調科學、推崇理性的時代,而實際上它卻是一個熱血沸騰、情緒激盪的時代;表面上五四是以西方啟蒙運動理性主義為楷模,而骨子裡它卻帶有強烈的浪漫主義色彩。一方面,五四知識分子詛咒宗教,反對偶像;另一方面,他們卻極需偶像和信念來滿足他們內心的飢渴。一方面他們主張面對現實,『研究問題』;同時他們又急於找到一種主義,可以給他們一個簡單而『一網打盡』的答案,以逃避時代問題的複雜性。」

這段話指出五四思想中一些對立發展的趨勢,就是我所謂的兩歧性。

一、理性主義與浪漫主義

「五四」受了西方近代啟蒙運動極大的影響,因此,它的

思想中一個很重要成分，就是以啓蒙運動為源頭的理性主義。
但不可忽略的是，五四思想也含有很強烈的浪漫主義。理性主
義是強調理性的重要，浪漫主義卻是謳歌情感的激越。五四思
想的一大特徵就在於這兩種趨向相反的思想，同時並存而互相
糾纏、互相激盪，造成當時思想風雲中最詭譎歧異的一面。

　　五四的理性主義是最顯而易見的。因為五四自始至終強調
發揚科學是新文化運動的一個基本目的，而科學方法就是表現
人類理性的唯一方式。胡適闡揚杜威的實用主義哲學與赫胥黎
(Thomas Huxley)的進化論思想；陳獨秀所推崇的歐洲十九世紀
的實證論及功利主義，以及《新潮雜誌》上所介紹的新實證論，
都反映了這理性主義的趨向。

　　五四所謂的科學方法當然主要是指自然科學的一套方法。
在歐洲啓蒙運動的影響之下，五四認為這套方法不但可以用來
瞭解社會人文現象，而且可用以建立一個理性的人生與社會。
但比較起來，五四對科學理性的信心猶超過啓蒙運動，因為西
方啓蒙運動思想裡面尚有對科學理性主義一些批判性的認識。
康德(Immanuel Kant)和休謨(David Hume)所代表的理性主義，
都承認科學理性無從替人類的價值建立一個理性的標準。借用
韋伯(Max Weber)的名詞，歐洲啓蒙運動多多少少認識科學只能
建立功效理性，而非價值理性，但五四則缺少這份批判的認識，
相信科學既可建立功效理性，又可建立價值理性。它既是人類
客觀知識的保證，又是價值觀和人生觀的絕對標準。

　　不但如此，五四的理性主義承襲著啓蒙運動以來的趨勢，
對於人類的前途，抱持高度的樂觀，認為隨著理性的進展，人

類可以建立一個完美的社會。但值得注意的是，五四的這種烏
托邦精神，並不完全來自它的理性主義，其另一個重要的來源
是它的浪漫主義。

在五四的思想裡，浪漫主義的比重不下於理性主義。五四
的知識分子，面對著時代的動亂、民族的危亡和傳統的失落，
很容易變得情感激越、心潮洶湧，造成浪漫主義孳生的溫床。
五四新文學運動在當時應運而生，自然挾有強烈的浪漫精神。
現代學者從周作人、梁實秋，到李歐梵，對五四思想的這一面
都曾有所剖析。

就思想的淵源而論，五四的浪漫主義主要是受歐洲十九世
紀文學的衝擊，徐志摩對歐洲文學的浪漫主義曾如此刻劃：

> 「自我解放」與「自我意識」實現它們正式的誕生，
> 從懺悔錄到法國革命，從法國革命到浪漫運動，從浪
> 漫運動到尼采(與陀斯妥也夫斯基)，從尼采到哈代——
> 在一百七十年間，我們看到人類衝動性的情感，脫離
> 了理性的挾制，火焰地迸竄著，在這火炎裡激射出種
> 種的運動和主義。

根據李歐梵和梁實秋的解釋，歐洲近代的這份浪漫主義精
神，可以希臘神話中兩個神幻為代表：戴阿尼斯(Dionysus)和普
羅米修斯(Prometheus)。前者是指人的狂熱的肉體或精神愛，它
象徵著浪漫主義所強調的激情和熱愛。就中國近代思想的發展
而言，浪漫主義的情懷，並不始自五四時代，而是始自近代轉

型時代(1895-1925)的初期。那時的知識分子領袖如譚嗣同和梁
啓超，他們的文字思想都常常閃爍著熾熱之情感。尤其譚嗣同
所代表的烈士精神就是這熾熱之愛的體現。五四沿襲這份浪漫
情懷而加以光大，造成一個情感奔放、熱血沸騰的狂飆時代。
陳獨秀拒斥基督教的神學和制度，而禮讚耶穌基督的十字架精
神，李大釗歌頌青春、歡呼革命，都是激情和熱愛的表現。但
是作為五四浪漫精神的象徵，「戴阿尼斯」是遠不如「普羅米
修斯」來得重要，後者是人的創造力的象徵，它意味著人的奮
鬥進取精神。此處我們最好再借用德國思想家斯賓格勒(Oswald
Spengler)對西方近代精神的刻劃，把普羅米修斯加上歐洲近代
的浮士德精神(Faustus)，更能突出浪漫主義的意義，因為浪漫
主義不僅代表人力的奮鬥、進取和抗拒精神，而且認為這種精
神的發揮是一無限的過程，一種無止境的追求。總之，浪漫主
義精神不能缺少這無限感(sense of the infinite)。

　　這種無限奮進的精神，在近代轉型期的開端已經出現，梁
啓超在1901年就是本此精神，寫下「世界無窮願無盡，海天寥
廓立多時」的豪語，而他同年所寫的〈志未酬〉一詩也最可代
表這份精神：

> 志未酬，志未酬，問君之志幾時酬？志亦無盡量，酬
> 亦無盡時。世界進步靡有止期，我之希望亦靡有止期，
> 眾生苦惱不斷如亂絲，我之悲憫亦不斷如亂絲，登高
> 山復有高山，出瀛海更有瀛海，任龍騰虎躍以度此百
> 年兮，所成就其能幾許？雖成少許，不敢自輕，不有

少許兮，多許奚自生？但望前途之宏廓而寥遠兮，其孰能無感於余情？吁嗟乎男兒志兮天下事，但有進兮不有止，言志已酬便無志。

到了五四時期，這種浪漫精神更形充沛，激盪在時代的空氣裡。陳獨秀在《新青年》上強調「自覺之奮鬥」和「抵抗力」之重要，以及他與胡適之謳歌西方近代文明，都含有他們對浪漫精神這一面的讚頌。例如胡適就曾引用英國詩人鄧內孫（Alfred Tennyson）的詩句，傳達出五四浪漫的豪情：

> 然而人的閱歷就像一座穹門，
> 從那裡露出那不曾走過的世界，
> 越走越遠，永遠望不到他的盡頭。
> ……
> 朋友們，來吧！
> 去尋一個更新的世界是不會太晚的。
> ……
> 用掉的精力固然不會回來了，剩下的還不少呢。
> 現在雖然不是從前那樣掀天動地的身手了，
> 然而我們畢竟還是我們，──
> 光陰與命運頹唐了幾分壯志！
> 終止不住那不老的雄心，
> 去努力，去探尋，去發現，
> 永不退讓，不屈服。

1916年，李大釗在《新青年》上發表〈青春〉一文，也是頌揚這無限奮進的精神。他認為「今後人類之問題，民族之問題，非苟生殘存之問題，乃復活更生，回春再造之問題也。」什麼叫「復活更生，回春再造」？一言以蔽之，就是要實現他所謂的「無盡之青春」，他說：

> 青年之自覺，在衝決過去歷史之網羅，破壞陳腐學說之囹圄，勿令僵屍枯骨，束縛現在活潑潑地之我，進而縱現在青春之我，撲殺過去青春之我，促今日青春之我，禪讓明日青春之我……青年循蹈乎此，本其理性，加以努力，進前而勿顧後，背黑暗而向光明，為世界進文明，為人類造幸福，以青春之我，創造青春之家庭、青春之國家、青春之民族、青春之人類、青春之地球、青春之宇宙……乘風破浪，迢迢乎遠矣。

值得注意的是，李大釗在這段激動的文字裡，提到「本其理性，加以努力」。但此處所謂的理性，已不是單純的理性。理性的後面是熾熱的情感，也可以說：理性主義已為浪漫主義所融攝，轉成一種對理性的宗教信念。這是一種弔詭性的思想發展。前面提到，理性主義本身已有造成高度樂觀的傾向。加上浪漫主義的浸灌，樂觀精神更形高張。其結果，五四變成一個烏托邦思想瀰漫的時代。

在李大釗的〈青春〉裡面，從傳統的「天人合一」思想出發，再吸收了西方理想主義對精神力量的無限肯定，他相信，

個人憑著無限的意志力,不但自己可以進入「無盡的青春」,而且整個民族、世界、宇宙都可進入無盡的青春。是以這種理想主義精神與烏托邦的心態,李大釗迎接了蘇俄的十月革命。他相信這場大革命使人類進入一個「新紀元」,使人類「復活更生」。

徐志摩是五四新文學運動的健將,他的政治立場和李大釗很有不同。但是他在五四後期寫的〈青年運動〉一文,卻和李大釗旗鼓相應。他說:

> 在葡萄叢中高歌歡舞的一種Dionysian madness,已經在時間的灰爐裡埋著,真生命活潑的血液的循環已經被文明的毒質瘀住……所以我們要求的是「徹底的來過」;我們要為我們新的潔淨的靈魂造一個新的軀體,要為我們新的潔淨軀體造一個新的潔淨的靈魂,我們也要為這新的潔淨的靈魂與肉體造一個新的潔淨的生活──我們要求一個完全的再生。

由《新青年》的「回春再造」,到徐志摩此處所謂的「完全的再生」,是五四浪漫精神和烏托邦思想的自然發展。

郭沫若在五四時代尚未完全皈依共產主義,是一個十足的浪漫主義文學家,1921年他發表了當時傳誦一時的新詩集《女神》,把五四由浪漫精神轉化成為的烏托邦思想發揮無遺;他在這本詩集裡唱出一個生命奮進的宇宙觀、熱情奔放的人生觀,而歸結到一個烏托邦主義的信念:舊的汙濁的世界就要毀

滅，在這毀滅的灰燼上，一個新的光輝而溫暖的世界就要湧現。
這就是他的長詩〈鳳凰涅槃〉的主旨。小說家巴金成長於五四
歲月，後來回憶他們的青少年時代，讀了《新青年》這些雜誌，
如癡如狂，好像生活在他所謂的「夢的世界」。

　　很顯然的，「夢的世界」是一個信仰的世界。但是五四在
理性主義的震盪之下，也是一個懷疑精神伸展的時代，這又造
成五四思想兩歧性的另一面。

二、懷疑精神與「新宗教」

　　在五四時代，懷疑精神是與理性主義結伴而來的。蔣夢麟
形容五四當時「問題符號滿天飛」，便是指這懷疑精神的散布。
五四兩員主將，胡適與陳獨秀都是提倡懷疑精神最力的人。胡
適自稱影響他一生思想最大的兩位思想家：一位是杜威；另一
位就是歐洲十九世紀，以科學理性為基礎，發揚懷疑精神的赫
胥黎。根據這種懷疑精神，他提出「評判的態度」，而認為這
就是五四新文化運動的基本精神，1919年冬天，五四運動正值
高潮，他特別發表〈新思潮〉一文，來強調這「評判的態度」。
他說：

　　仔細說來，評判的態度含有幾種特別的要求：
　　(一)對於習俗相傳下來的制度風俗，要問：「這種制
　　度現在還有存在的價值嗎？」
　　(二)對於古代遺傳下來的聖賢教訓，要問：「這句話

在今日還是不錯嗎？」

（三）對於社會上糊塗公認的行為與信仰，都要問：「大
家公認的，就不會錯了嗎？人家這樣做，我也該這樣
做嗎？難道沒有別樣做法比這個更好、更有理、更有
益的嗎？」

尼采說，現今時代是一個「重新估定一切價值」
（transvalutaion of all values）的時代，「重新評估一切價
值」八個字便是評判的態度的最好解釋。

是這種「評判的態度」促使他整理國故，針砭傳統思想，
攻擊各種宗教迷信；促使他勸當時人不要一窩蜂似地空談各種
主義，而應該研究具體的問題；促使他要求一般人在日常生活
時，要問為什麼，避免盲從。這個「評判的態度」，經胡適的
宣揚，在當時造成很大的影響。

陳獨秀在這方面的影響，不下於胡適，《新青年》創辦的
初期，正值當時為孔教是否應由憲法規定為國教而展開了爭
辯，他曾寫了好幾篇文章極力抨擊宗教。他的理論根據，就是
十九世紀法國思想家孔德（August Comte）的實論證。他說：孔德
分人類進化為三時代，第一曰：宗教迷信時代，第二曰：玄學
幻想時代，第三曰：科學實證時代。」孔德這種觀點，他完全
接受。因此，他認為在現代的世界，一切宗教迷信和玄學幻想，
都是偶像崇拜，應該清除。他在〈偶像破壞論〉一文中曾有這
樣的話：

天地間鬼神的存在，倘不能確實證明，一切宗教都是
一種騙人的偶像；阿彌陀佛是騙人的；耶和華上帝也
是騙人的；玉皇大帝也是騙人的；一切宗教家所尊重
的、所崇拜的神佛仙鬼，都是無用騙人的偶像，都應
該破壞！

照陳獨秀看來，不但這種「神佛仙鬼」的迷信應該打破，
就是「世界上男子所受的一切勳位榮典，和我們中國女子的節
孝牌坊，也算是一種偶像」。甚至他認為「國家」這個觀念也
是一種「騙人的偶像」，也需要破壞。

但是陳獨秀和胡適一樣，並非一個徹底的懷疑論者，更不
是一個虛無論者。他在〈偶像破壞論〉的末尾，說道：「此等
虛偽的偶像，倘不破壞，宇宙間實在的真理和吾人心坎兒裡徹
底的信仰永遠不能合一。」可見他主張打破虛偽的偶像，主要
是因為不如此，則他無法找到「心坎兒裡徹底的信仰」，無法
去發現「宇宙間實在的真理」，換言之，他要求偶像破壞是為
了追求他所謂的「真實的、合理的」信仰。

明乎此，我們可以瞭解為什麼五四是一個懷疑的時代，也
是一個信仰的時代；為什麼郭沫若在他的詩集《女神》中說他
既是一個偶像破壞者，又是一個偶像崇拜者。

五四的理性主義與懷疑精神是眾所周知的事實，也是不難
了解的現象。但是五四之為一個信仰的時代，卻是一個大家忽
略的事實，也是一個比較費解的現象，需要我們對五四所處的
「轉型時代」的危機意識作一些基本的分析。

　　所謂轉型時代是指甲午至五四(1895-1920)大約25年的時間。在這一段時間裡，兩種思想危機開始湧現。一方面是民族救亡的危機意識。從甲午到五四，中國的政治秩序由一個大一統的帝國瓦解爲軍閥的割據，國家名存而實亡。同時，外來的侵略在這25年間，也進入空前劇烈的階段；由以往間歇性的列強侵略變成連續性的侵略。中國被瓜分成殖民地的危險，迫在眉睫。這內外交織的民族危機，變成知識分子迫切的關懷，他們急需一套思想和信仰來作爲共識和共信的基礎，以認識方向，團結意志。

　　除了這種由民族危亡所造成的政治危機意識，我們尚需認識中國知識分子在轉型時期所經歷的另一種危機感。這種危機感是來自當時的「取向危機」。所謂「取向危機」是由三種危機意識所凝聚成的。最重要的危機意識乃導源於儒家傳統核心思想的解紐。此處的核心思想是指儒家價值觀的基本結構和以天人合一爲本位的宇宙觀的思想組合。儘管在這核心結構解體之後，儒家的個別價值，如仁、義、禮、智和忠、孝、節、義，仍然有意無意地對行爲有其影響力和控制性。但是由這些個別價值組成的基本價值模式如修身、經世、三綱等，則已受到嚴重的侵蝕而逐漸失去其威信與效用。這種思想解紐所產生最直接的後果是基本價值取向的動搖，間接的後果是文化認同取向和終極意義取向的失落。要領會這兩種取向失落的嚴重性，我們必須記住：中國傳統文化與任何其他的文化一樣，自己構成一個「精神的意義世界」(universe of meaning)。在這意義世界裡面，儒家的基本價值觀和宇宙觀，一方面供給我們日常行爲

和判斷的道德準繩，同時也構成一組指標系統，不但替我們相對於世界其他國家和社群的文化作自我定位，而且也使我們對宇宙和人生有一全面的解釋，從而在這架構內，認識生命的方向和意義。因此，當支撐這「意義世界」的基本價值觀和宇宙觀解紐時，文化認同取向和終極意義取向也會因此錯亂而失效，造成精神上的空虛失落與情緒上的徬徨無主。

上面我簡要地說明了「取向危機」的形成及其意義。這個「取向危機」是在轉型時期逐漸顯現，至五四而達於高峰。因此，五四的知識分子，是面對著雙重的危機：一方面是政治秩序的危機；另一方面是「取向秩序」的危機。在這雙重危機的壓力之下，他們急切地追求新的價值觀和宇宙觀，一言以蔽之，即新的信仰。

就信仰的追求而論，五四的思想可以說是形形色色，紛然雜陳，從無政府主義、基爾特社會主義、托爾斯泰的理想主義、馬克思社會主義到自由主義；這些信仰內容雖然龐雜，卻有兩個共同的傾向，一個就是前面提到的烏托邦主義，另一個無以名之，姑名之曰：人本主義的「新宗教」。

這種「新宗教」，周作人在當時就看出五四思想有這方面的傾向。1920年，他給少年中國學會講演「新文學的要求」，結尾處有這樣幾句話：「這新時代的文學家，是偶像破壞者，但他還有他的新宗教──人道主義的理想是他的信仰，人類的意志便是他的神。」

五四的人道主義來源很駁雜，從歐洲文藝復興以來的人文主義到巴枯寧、克魯泡特金等人的無政府主義，乃至基督教和

傳統儒家的道德理想主義都有影響。重要的是，周作人認為五四的人道主義是一種宗教信仰，稱之為「新宗教」。他這個體認和觀察，衡之五四當時幾位主將的思想成分，是相當有洞見的。

首先，就周作人本人而論，他和他哥哥魯迅在當時都很受日本無政府主義思想家武者小路實篤的思想影響，他特別醉心於後者的烏托邦式的「新村主義」。他在晚年所寫的回憶錄《知堂回想錄》裡面，就曾說新村主義是一種宗教性的信仰：「這『新村』的理想裡面，確實包含著宗教的分子，不過所信奉的不是任何一派的上帝，而是所謂人類，反正是空虛的一個概念，與神也相差無幾了。」

胡適是一個人道主義者，也是一個服膺杜威實驗主義哲學的學者，但他的人道主義信仰卻不是來自實驗主義，因為後者只是教他如何思想和解決問題的一套方法，本身不含有，也無法貞定任何一組特定的價值信仰。他的人道主義主要還是來自東西的人文傳統，其最突出的部分，當然是受西方近代人文主義影響極深的個人主義。但胡適的個人主義卻是以強烈的社會意識為前提，而這社會意識卻是與中國古老傳統中的一種人文宗教有極深的關係。

這種人文宗教，按照胡適的解釋，是建築在一個很獨特的「不朽」觀念上。此所謂不朽，不是指靈魂不朽，而是指「社會不朽」，或者「大我不朽」。這種不朽論，是根據中國古老傳統裡的「三不朽」的觀念，所謂「三不朽」是指立德、立功、立言。人死之後，他的靈魂或「神」也隨之俱滅，但是「個人

的一切功德罪惡，一切言詞行事，無論大小好壞，一一都留下一些影響，在那個『大我』之中，一一都與這永遠不朽的『大我』一同永垂不朽」。

胡適認為中國傳統的祖先崇拜，和「默示」的宗教、神權的宗教、崇拜偶像的宗教一樣，都是「神道設教，見神見鬼」的宗教，在現代已無法發生效力，不能制裁人的行為，所以他提出「大我的不朽」的觀念作為他自己的宗教信仰，他說：「『我這個現在的小我』，對於那永遠不朽的『大我』的無窮過去，須負重大的責任；對於那永遠不朽的『大我』的無窮未來，也須負重大的責任。我需要時時想著，我應該如何努力利用現在的『小我』，方才可以不辜負了那『大我』的無窮過去，方才可以不遺害那『大我』的無窮未來？」

很顯然的，胡適的個人主義是他人道主義的一部分，而他的人道主義含有很濃厚的人文宗教意識。

陳獨秀在他變成馬克思信徒以前，也是一個人道主義者，而他的人道主義也是帶有很強的宗教性。他也談「新宗教」。他在五四時期對基督教前後態度的改變很能反映出這種宗教性。

前面提到他在1918年夏天發表的〈偶像破壞論〉已表示反對基督教，其實他早在1917年的夏天即在《新青年》上分兩期發表長文〈科學與基督教〉，猛烈抨擊基督教，認為後者阻礙科學發展，是人類文明進步的障礙，但是他的態度很快就變了。在1920年2月出版的《新青年》上面，他發表了〈基督教與中國人〉一文。在這篇文章裡，他一反以前對基督教的蔑視態度而

肯定了基督教。他肯定的理由，不是基督教的神學，更不是其儀式，而是因為基督教是他所謂的「愛的宗教」，因為「基督教底根本教義只是信與愛，其他都是枝葉」。這「愛的宗教」充分表現於「耶穌崇高的、偉大的人格和摯烈深厚的情感」。他強調這種人格和情感代表三種精神：「崇高的犧牲精神」、「偉大的寬恕精神」、「平等的博愛精神」。

重要的是，陳獨秀在當時不僅對基督教改變態度，而且對整個宗教有一番重估，他重估的理由是：人的生命，在「知識的理性」之外，還有「本能上的感情行動」。他說：「知識和本能倘不相並發達，人不能算人間性完全發達。」發展理性，當然要靠科學，可是要淨化和美化感情，則宗教的重要性極大。

因此，在五四的後期，曾經有一段時間，陳獨秀已不視宗教為迷信和偶像崇拜。對於他而言，宗教反映人的生命中所不可少的「超物質的衝動」。可是，照他看來，這種衝動有兩種表現方式：一種東方倫理式的；另一種是基督教所代表的，著重「美的宗教的純情感」。換言之，東方的宗教是偏重外在的、形式的情感表現，而基督教則是偏重於內在的、「純情感」的表現。他認為中國所需要的就是這種以內在精神情感為本位的「愛的宗教」，才能「將我們從墮落在冷酷、黑暗、汙濁坑中救起」。

陳獨秀這些肯定宗教的主張都發表在1920年的春夏以前，也就是說，在陳獨秀接受馬列思想以前，他方思想曾經有很強烈的宗教傾向。這些宗教傾向，並不僅是因為他根據社會功能的需要而認識宗教的重要性，而且也是發自他內心的宗教情

感。1919年，他因五四運動牽連入獄，出獄時寫了一首長詩〈答半農的D詩〉，很能表現他這份宗教情感。

這首詩的一大半是抒寫他如何憧憬一個以愛和關切為基礎，沒有權威等別，也沒有階級和種族畛域的大同社會。末了，在強調人與人與之間是多麼需要互相照顧和支持之後，他這樣結束他的長詩：

> 倘若沒有他們（其他人的照顧和支持）我要受何等苦況！
>
> 為了感謝他們的恩情，我的會哭會笑底心情，更覺得暗地裡滋長。
>
> 什麼是神？他有這股力量？
>
> 有人說：神底恩情、力量更大，他能賜你光明！
>
> 當真！當真！
>
> 天上沒了星星！
>
> 風號，雨淋，
>
> 黑暗包著世界，何等淒清！
>
> 為了光明，去求真神，
>
> 見了光明，心更不寧，
>
> 辭別真神，回到故處，
>
> 愛我的，我愛的姊妹弟兄們，還在背著太陽那黑的方面受苦。
>
> 他們不能與我同來，我們便到那裡和他們同住。

　　這裡所表現的顯然是一種宗教的情懷。這世界是有神的，神可以為我們帶來光明，但愛更重要，為了愛，他情願捨棄光明，「辭別真神，回到故處」，去世界上的兄弟姐妹在背著陽光的黑暗處一起受苦。這是耶穌基督的博愛精神，大乘佛教的菩薩精神，也就是他們所謂的「愛的宗教」。

　　陳獨秀這種「愛的宗教」很容易使人聯想到孔德的「人道的宗教」（Riligion of Humanity）。前面提到，孔德的實證主義曾對陳獨秀的思想產生過很大的影響。他和陳獨秀一樣相信科學是人類進步的基本原動力。可是科學日昌、文明日進的人類社會裡，人的情感並不因此減退，仍有其不可或缺的重要性。照他看來，為了淨化與凝合人類的情感，宗教有其必要的功能。因此，孔德認為人類雖然進化到歷史最後的「實證思想時代」（Positive Age），雖然已超越神學和形上學思想的牢籠，但是人的宗教性，因為植基於人類的情感，無法超越。可是，表達宗教情感的方式，卻不能像從前那樣迷信神、崇拜偶像，而只能崇拜人類的愛的理想，或者崇拜孔德所謂的「利他主義」（altruism），這就是他所謂的「人道主義宗教」。

　　陳獨秀的「愛的宗教」，在精神上很類似孔德的「人道宗教」，這種信仰在西方近代思潮裡頗具影響力。因此，它在五四思想裡出現，是很可理解的。但是「人道主義」宗教，在五四時代，尚以其他的形式出現。例如托爾斯泰（Leo Tolstoy）和泰戈爾（Tagore）的思想，在五四時期，也曾風靡一時，他們的思想和孔德雖有顯著的不同，但是他們各以獨特的方式，表現人道主義的信仰。托爾斯泰的人道主義，是淵源於基督教《新約》

的福音思想。他認爲只有耶穌基督所代表的無私的愛，才能拯救人生，改造社會。泰戈爾的思想植基於古印度教的泛神論，他吸收了《奧義書》（Upanishads）和《神贊》（Bhagavad gita）裡面人神一體、人我交融的哲學，用詩的語言，對生命加以肯定和禮讚。兩人的思想，雖各有淵源，但都代表一種「愛的宗教」。

宗白華在五四後期曾任新文學重鎮《上海時事新報》副刊「學燈」的編輯，在五四文壇上也曾相當活躍。他當時受了泰戈爾的影響，寫了一首叫〈信仰〉的小詩，很能傳達五四的人道主義信仰的另一面：

> 紅日出生時
> 我心中開了信仰之花：
> 我信仰太陽
> 如我的父！
> 我信仰月亮
> 如我的母！
> 我信仰眾星
> 如我的兄弟！
> 我信仰萬花
> 如我的姊妹！
> 我信仰流雲
> 如我的友！
> 我信仰音樂
> 如我的愛！

我信仰
一切都是神
我信仰
我也是神！

　　最後這一句「我信仰我也是神」是表達古婆羅門教泛神論的觀念；每一個人的靈魂深處都有一精神的真我，這精神的真我就是神的寄生。但是在五四當時的思想氣氛之中，這種含有超越意識的精神思想，卻往往被理解為對「自然人」的光耀和神化。誠如周作人所說：「人的意志就是」代表五四「新宗教」的另一重要特徵。

　　我在前面討論五四的浪漫主義時，已提到五四有「普羅米修斯」和「浮士德」的精神，強調人有無限向上奮進和追求的意志。就這一點而言，五四的浪漫精神不僅不與理性主義相牴觸，反而相輔相成。許多西方現代史家都曾指出：西方啟蒙運動，鑒於近世科學的輝煌成就，對人類的理性產生無限的自信，因此相信人的理性可以無盡的發揮，人定可以勝天，世界可以徹底改造。西方思想家卡爾・貝克(Carl Becker)，即曾指出，西方十八世紀的理性主義，表面上是反中世紀對天國的信仰，但骨子裡仍然承襲這一信仰而加以「人間化」，產生「人間天國」的自信。貝克之論，容有誇大偏頗之處，招致晚近史家甚多之抨擊。但不可否認，自啟蒙運動以來，因科學理性所產生的樂觀精神，瀰漫西方近世思想，特別是杜爾戈(Turgot)、孔多塞(Condorcet)、聖西蒙(Saint-Simon)下至孔德這一思想傳承，視

科技理性為歷史進步的原動力，終至造成科學主義，其突出人
的自信與樂觀，與浪漫主義時有異曲同功之效，影響五四思想
至深且巨。

　　總之，五四在西方啟蒙運動和浪漫主義的雙重影響之下，
對迷信神力和神權的傳統文化，產生反動，因而強調回歸人的
自主性。但是這種「人化」的趨勢走到極端，往往不自覺地流
為人的神化的傾向。前面提到胡適在五四以後曾寫過一篇文章
叫〈我們對於西洋近代文化的態度〉，很能表現五四以來，新
文化運動中「人的神化」的精神趨向。

　　在這篇文章裡，胡適首先指出西方文明不只是物質文明發
達，而且精神文明也發達。更重要的是，西方近代的精神文明
也有他所謂的「新宗教」。他說：「這個新宗教的第一特色是
他的理智化。近世文明仗著科學的武器，開闢了許多新世界，
發現了無數新真理，征服了自然界的無數勢力，叫電氣趕車，
叫『以太』送信，真個作出種種動地掀天的大事業來。人類的
能力的發展使他漸漸增加對於自己的信仰心，漸漸把向來信天
安命的心理變成信任人類自己的心理。所以這個新宗教的第二
特色是他的人化。」

　　他又說：

　　　　從前人類受自然的支配……現代的人便不同了。人的
　　　　智力征服了自然界的無數質力，上可以飛行無礙，下
　　　　可以潛到海底，遠可以窺算星辰，近可以觀察極微。
　　　　這兩隻手一個大腦的動物──人──已成了世界的主

人翁，他不能不尊重自己了。一個少年的革命詩人曾
這樣的歌唱：
我獨自奮鬥，勝敗我獨自承當。
我用不著誰來放我自由
我用不著什麼耶穌基督
妄想他能替我贖罪替我死。
這是現代人化的宗教，信任天不如信任人，靠上帝不
如靠自己。我們現在不妄想什麼天堂天國了，我們要
在這個世界上建造「人的樂園」，我們不妄想做不死
的神仙了，我們要在這個世界上做個活潑健全的人。
我們不要妄想什麼四禪定六神通了，我們要在這個世
界上做個有聰明智慧，可以戡天縮地的人，我們也許
不輕易信仰上帝的萬能了，我們卻信仰科學的方法是
萬能的，人的將來是不可限量的……這是近世宗教的
人化。

最後，胡適對西方近世文明曾作了這樣的總結：「他在宗
教道德的方面，推翻了迷信的宗教，建立合理的信仰；打倒了
神權，建立人化的宗教；拋棄了那不可知的天堂淨土，努力建
立『人的樂國』、『人的天堂』。」

胡適是崇拜西方近代文明的，他對西方文化這一番闡釋，
不啻是反映了他個人的嚮往，同時也反映了五四思想的企向。
很顯然的，他所描述的「宗教的人化」，已有變成「人的神化」
的趨勢。這種趨勢，就五四以後思想上的發展而論，是有其危

險性的。因為人一旦神化，可能出現幾種現象：就人的理想而言，人的神化很容易產生烏托邦的幻想，相信「人世的天堂」，指日可期，終而掀起政治狂熱，造成政治宗教，可以禍國殃民！可以流毒寰宇，謂予不信，請看「共產主義天堂」的熱望曾給二十世紀帶來多少大小政治悲劇！就人的群體而言，人的神化會造成群體意志的絕對化，如「無產階級專政」，如「民族意志至上」，可以使絕對和獨斷的精神氾濫成災，千萬人頭落地；就個人的意志而言，英雄豪傑，在這種「神化」的醺迷之下，可以變成魔鬼巨靈，殷鑑不遠，只要看毛澤東這一生的思想人格的變化。此處我們必須記住，五四時代，青年的毛澤東，在「宗教的人化」的薰習下，曾說過這樣極有預言性的話：「服從神，何不服從己，己即神也。己之外尚有神乎」整整半個世紀後，文化大革命爆發，1966年8月18日的凌晨，毛澤東登上北京天安門，接受百萬紅衛兵的膜拜，一時紅旗似海，歡呼雷動，毛澤東當年「己即神也」那句話是真的應驗了。

這種人的「神化」，當然是五四人本主義宗教的極端化。因為一般人常常忽略這極端化的危險性，故特別在此指出。不可忘記的是，同樣的五四人本主義也產生了蔣夢麟所看到的「問題符號滿天飛」以及胡適所謂的「評判態度」和懷疑精神，五四的弔詭就在此！

三、個人主義與群體意識

前面指出，五四是「轉型時代」思想變化的高潮，轉型時

代一開始就有一個特徵，那就是個人主義與群體意識相伴而來
的雙重傾向。「轉型時代」的初期，康有爲提出「破除九界」
的要求，譚嗣同喊出「衝決網羅」的口號。他們的理想一方面
當然是要求個人從傳統的種種束縛解放出來，同時他們也希望
個人完全融化在一個以愛爲基礎的大同社會裡面。當時梁啓超
的思想發展和康、譚頗有不同，但是就上面指出的雙重傾向而
言，他的思想也不例外。例如他在風靡一時的〈新民說〉裡，
就是一方面要求個人從傳統的精神羈絆中解放出來，另一方面
他也要求個人徹底融化於民族國家的有機體裡。「五四思想」
是否也有這樣雙重傾向？

　　無可否認，個人解放是五四宣揚民主自由思想的最突出的
特徵。《新青年》在1917年特別連出兩期專號，彰顯易卜生主
義，在當時思想界產生極大的震撼。僅此就足可顯示個人主義
在五四思想的特殊地位。但是，從深一層去看，個人主義，在
五四思想界絕不是一枝獨秀，上面指出的雙重傾向依然存在。

　　李澤厚先生曾以「救亡」與「啓蒙」的雙重奏來解釋中國
近代知識分子所面臨的困境，極具洞見。他這兩個觀念也多少
指涉到群體意識與個人主義的雙重傾向。問題是，以「救亡」
這個觀念來代表群體意識，似嫌狹窄，因爲「救亡」普通指民
族主義，而五四的「群體意識」不僅來自民族主義，它也來自
以社會爲本位，以有機體爲模式的集體心態。從康有爲和譚嗣
同的大同觀念到五四無政府主義和社會主義，都多少含有這種
集體主義心態，而這些思想卻與民族主義毫無關係。因此，討
論五四的群體意義，絕不能僅限於民族救亡和國家富強等觀念。

　　群體意識在五四早期幾位領袖的思想裡已經出現。就以陳獨秀為例，他在五四後期，接受社會主義，思想當然是以群體意識為主，但不可忽略的是，他在五四初期，極力提倡個人主義的時候，他所發表的文字也時時隱含一些群體意識。

　　例如1915年，他發表〈東西民族根本思想之差異〉，極力頌揚西方文明，認為西方文化的一大特色和優點，就是西洋民族以個人為本位。但是1916年，他在〈人生真義〉裡面透露，他的個人主義摻雜著一些群體意識。一方面，他在這篇文章裡強調：「社會的文明幸福是個人造成的，也是個人應該享受的。」「社會是個人集成的，除去個人，便沒有社會，所以個人的意志和快樂是應該尊重的。」這幾句話代表十足的個人主義思想。另一方面，他也說：「人生在世，個人是生滅無常的，社會是真實的存在。」「社會是個人的總壽命，社會解散，個人死後便沒有連續的記憶和知覺」，「個人之在社會好像細胞之在人身，生滅無常，新陳代謝，本是理所當然，絲毫不足恐怖。」這些觀點又很近乎社會有機體的思想，意味著群體為主、個人為輔的觀念。

　　這種群體意識也蘊含在他後來所寫的〈自殺論〉裡面。在這篇文章裡，他不僅分析自殺的種類和成因，而且提出他反對自殺的生命觀：「我們的個體生命，乃是無空間時間區別的全體生命大流中底一滴；自性和非自性，我相和非我相，在這永續轉變不斷的大流中，本來是合成一片，永遠同時存在，只有轉變，未嘗生死，永不斷滅。如其說人生是空是幻，不如說分別人我是空是幻；如其說一切皆空，不如說一切皆有；如其說

「無我」，不如說「自我擴大」。物質的自我擴大是子孫、民
族、人類；精神的自我擴大是歷史。」

　　陳獨秀這一段話，很像傳統宋明儒者駁斥佛家空觀的論
調：宇宙不是空相，而是實有，但宇宙的實有是那全體生命的
大流，而非代表個體生命的自我。所以他要肯定的不是那個別
的自我，而是那可代表「物質的自我擴大」的「子孫、民族和
人類」，與代表「精神的自我擴大」的歷史，在這種宇宙觀和
生命觀裡面，群體意識呼之欲出。

　　陳獨秀在寫〈自殺論〉的同時，發表了一篇〈歡迎湖南人
民精神〉，在這篇文章裡，群體意識有更強烈的流露。他說：
「個人的生命最長不過百年，或長或短，不算什麼大問題，因
為他不是真生命。大問題是什麼？真生命是什麼？真生命是個
人在社會上的永遠生命，這種永遠不朽的生命，乃是個人一生
底大問題。」他又說：「Oliver Schreiner夫人底小說有幾句話：
『你見過蝗蟲，牠怎樣渡河麼？第一個走下水邊，被水沖去了，
於是第二個又來，於是第三個，於是第四個，最後，牠們的死
骸堆積起來，成了一座橋，其餘的便過去了。』那過去底人不
是我們的真生命，那座橋才是我們的真生命，永遠的生命！因
為過去底人連腳跡亦不曾留下，只有這橋留下永遠紀念底價
值。」

　　這裡所表現的強烈群體意識和陳獨秀所頌揚的西方個人主
義，適成鮮明的對比，但是二者卻弔詭地並存於他的早期思想。

　　就此處所謂的雙重傾向而言，胡適的思想發展是一個更有
意義的例子。他在五四的主將裡面，是受西方思想影響最深的

一位。他在美國受過長期的高等教育，不但浸沈於杜威的自由主義思想，而且對英美式的個人主義，在精神上有真正的契入。他所寫的〈易卜生主義〉可以說是五四早期，宣揚西方個人主義最傾動一時的文章，然而胡適的個人主義中也摻雜著濃厚的社會意識。這社會意識，誠如他說，一部分來自杜威自由主義的淑世精神，但一部分也來自他以中國傳統思想為基礎所闡揚的群體意識。前文論及，胡適的宗教信仰是他所謂的「社會不朽論」。他認為個人死後可以不朽，但不是靈魂不朽，因為他不相信有個人靈魂這種東西。他所謂的「不朽」，是指個人在世的思想言行對社會所產生的各種正負影響。社會是不朽的，因此，個人也可以因社會的不朽而不朽。

胡適這種社會不朽論蘊涵一種與個人主義相反的群體意識。因為西方個人主義是建築在一個前提上，那就是個人本身有終極的價值。而胡適的不朽觀近乎社會有機論，認為個人的價值在於是否能對社會群體有所貢獻，也就是說，個人只有在作為社會的一個成員時，才有價值，個人本身並無獨立而終極的價值。這裡必指提出的是，他的社會不朽論是發表於他在1919年春天寫的〈不朽——我的宗教〉一文。這篇文章，胡適後來強調，是一篇可以代表他的基本思想的重要文字。因此，「社會不朽論」所蘊涵的群體意識，就胡適的整個思想架構而言，其意義是可以與他當時所極力提倡的個人主義相提並論的。

胡適與陳獨秀的思想發展反映個人主義與群體意識的兩歧性，已在五四初期出現。五四後期，學生運動展開，民族主義白熱化，同時，馬列主義也開始大規模地散布。群體意識因此

激增，個人主義相形之下大爲減色。但無論如何，在以胡適爲
代表的思想中，個人主義仍然有其重要性。因此在整個五四時
代，個人主義與群體意識的對立之勢，雖有盈虛消長，卻始終
存在，構成五四思潮的重要一面。

四、民族主義與世界主義

　　五四與民族主義的關係相當微妙。一方面，民族主義自甲
午以後，開始在中國知識分子中間大規模地散布，至五四而進
入一個新高潮。另一方面，就新文化運動的主要刊物《新青年》
而論，民族主義的聲浪卻相當的低沈。不錯，《新青年》裡面
不乏愛國主義的聲音。但是，以中國當時的國勢環境而論，幾
乎每一個知識分子都多多少少是一個愛國主義者。即令陳獨
秀，當時深感愛國主義的情緒會干擾中國人的思想自覺和啓
蒙，也不得不承認他在原則上贊成愛國主義。可是，民族主義
有別於愛國主義，前者是指以民族國家爲終極社群與終極關懷
的思想與情緒。就此而言，我們很難說，五四的思想空氣是受
民族主義的全面籠罩。因爲，刻意超越民族意識的世界主義，
也是五四新思潮的一個特色。以五四的思想背景而論，這種世
界主義的出現也並非不可理解的。首先，五四的領導人物都是
受過極深的傳統教育，而傳統思想的基本成分，如儒、佛、道
三家思想都是以天下爲視野、人類爲關懷，因此也都是以世界
主義爲主趨的。同時，五四時代發生影響的國際思想人物如杜
威、羅素、馬克思、托爾斯泰、泰戈爾等，他們的思想多半是

傾向國際主義或世界主義的。因此，五四的幾位思想主將有超越民族主義的傾向，是不足為怪的。胡適受了當時英美自由主義的影響，對於民族主義的流弊相當敏感。此外，他當時認為中國的基本問題在於文化的陳舊潰爛，因此，有二十年不談政治的誓言，以專心於文化改進。所以胡適是位愛國主義者，卻不能算是民族主義的信徒。

陳獨秀對於民族主義，更是有露骨的反感。上文提到他在《新青年》雜誌上指出國家也可以是偶像崇拜的對象，他說：「國家是個什麼？……我老實說一句，國家也是一種偶像。一個國家，乃是一個或數種人民集合起來，占據一塊土地，假定的名稱。若除去人民，單剩一塊地，便不見國家在那裡，便不知國家是什麼。可見國家也不過是一種騙人的偶像，他本身亦無什麼真實能力。現在的人所以要保存這種偶像的緣故，不過是藉此對內擁護貴族財主的權利，對外侵害弱小國的權利罷了。世界上有了什麼國家，才有什麼國際競爭，現在歐洲的戰爭殺人如麻，就是這種偶像在那裡作怪。我想各國的人民若是漸漸都明白世界大同的真理和真正和平的幸福，這種偶像就自然毫無用處了。但是世界上多數的人，若不明白他是一種偶像，而且不明白這種偶像的害處，那大同和平的光明，恐怕不會照到我們眼裡來。」

陳獨秀在這裡提到了「世界大同的真理」，不能僅僅視為他的烏托邦幻想。前面提到，他在當時相信一種愛的宗教。這種信念，不僅來自他本於社會功利主義對宗教的認識，也本於他內心深處的情感需要。基於這種信念，他認為民族與國家的

畛域是不需要的。前面提到,他於1919年從獄中出來,有〈答半農的D詩〉,其中一段很能表現這超越民族主義的大同理想:

> 弟兄們!姊妹們!
>
> 我們對於世上同類的姊妹弟兄們,都不可彼界此疆,怨張怪李。
>
> 我們說的話不大相同,穿的衣服很不一致,有些弟兄底容貌,更是稀奇,各信各的神,各有各的脾氣,但這自然會哭會笑的同情心,會把我們連成一氣。
>
> 連成一氣,何等平安、親密!
>
> 為什麼彼界此疆,怨張怪李?

這種以愛為出發點的大同理想,在五四時代,並非例外。

當時各種無政府主義和政治理想主義,特別是托爾斯泰和克魯泡特金的理想,甚為風靡。這些思想裡面都多多少少含有陳獨秀所謂的「愛的宗教」。

即令是李大釗,西方學者如邁斯勒(Maurice Meisner)特別強調他的思想中的民族主義傾向,我們若仔細檢查他在五四早期(也就是說在他皈依馬克思主義之前)的文字,也不能把他單純地視為一個民族主義信徒。不錯,他突出了「青春中華」的觀念,但他也憧憬「青春世界」、「青春人類」。當他以「回春再造,復活更生」為前提,歡呼一個「新紀元」的來到,這個「新紀元」,並不僅指中華民族的新紀元,也指全人類的新紀元。當俄國的十月革命成功的消息傳來時,他在五四主將裡面,

是最受激動、最早響應的一位。他相信，這革命和「法國大革命」一樣，是代表人類解放的「新紀元」的來到。這是一個世界主義的信念，而非民族主義的信念。

五四的世界主義，不僅反映於陳獨秀的「愛的宗教」，也表現於周作人的〈人的文學〉。周作人是於1918年底，在《新青年》五卷六號上發表這篇文章，據說當時這篇文章，就被胡適捧為「關於改革文學內容的一篇最重要宣言」。周氏繼這篇文章之後，又寫了一系列類似的文章。在這些文章裡，他提出了「人性的文學」、「人生的文學」、「人道主義」的文學等口號和主張。歸納起來，他的這些主張，誠如他說，不外兩點：「一、文學是人性的，不是獸性的，也不是神性的；二、文學是人類的，也是個人的，卻不是種族的、國家的、鄉土及家族的。」很顯然，周氏的「人的文學」觀念是發自他的人本主義信念，而後者是以世界意識為前提。本著這個前提，「人的文學」是要求發掘普遍的人性，探討「理想的人性」，用周作人當時的話：「重新要發現人，去闢人荒！」

這種文學要求顯然不是五四以後新文學發展之所趨。大多數的新文學作品，是被夏志清先生所謂的「感時憂國」的胸懷所籠罩。然而，我們今天迴視「五四」當年的文學理念，卻不能完全限於這種狹窄的視野，以致忽忘當時「放眼世界，關懷人類」的理想！

此處，我無意誇大五四的世界主義。我只是希望，我們今天對五四思想的再認，不要太受民族主義觀點的牢籠。我所要強調的是，五四思想的氛圍是受到各方氣壓的衝擊。世界主義

與民族主義，伴著理性主義與浪漫主義、懷疑精神與宗教精神、個人主義與群體意識，都在那裡迴旋激盪，造成當時五光十色、撲朔迷離的思想氣氛。

上面我對五四思想的兩歧性作了初步探討，這些探討，除了展示五四思想的複雜性之外，還有幾點意義，值得在此特別指出。

首先，認識五四思想中的兩歧性可以幫助我們，了解五四以來中國文化思想出現一些詭譎歧異的發展。例如五四開始，民主自由幾乎是每一個政治和文化運動的共同要求。但是環繞這兩個理念，各種烏托邦式的思想，使中國人對民主自由的了解，常常如霧裡看花，很難落實。科學與理性也是五四以來中國知識分子的共識和共信。可是迷信偶像和崇拜權威並未因此減少；相反地，政治宗教卻是長時期的籠罩中國，而各種造神運動，更是層出不窮，這些現象，就五四的思想背景而言，是很可以理解的。

同時，中國現代知識分子所面臨的一些思想困境，也和五四思想的兩歧性很有關聯。前面提到李澤厚所指出的啟蒙與救亡兩個近代思想主題，其在思想上所造成的困境，就很可以從群體意識與個人主義，和民族主義與世界主義所引發的思想兩歧性，去得到進一步的瞭解。一方面，我們的社會需要群體的凝合，另一方面，需要個人的解放。一方面，我們的國家需要對外提高防範和警覺，強調群體的自我意識，另一方面，文化發展需要破除畛域，增強群體對外的開放性和涵融性。誰能否認這些不同方面的要求，在現代中國現實環境中，是很難實現

的兩難困境？

　　但是，從另一個角度看來，這些兩歧性的發展，也正反映五四思想的開闊性和豐富性。因為，兩歧性代表五四思想朝著不同甚至對立的方向發展，顯示五四的思想遺產中有多元性和辯證性發展的契機和挑戰。就以個人主義與群體意識的兩歧性而論，今天中國知識分子，經過專制集體主義的長期籠罩，自然對群體意識產生反感。但是，我們是否可以因此走向另一極端，無條件地認可個人主義？此處，我們必須留心現代西方學者在這方面所作的研究，對個人主義在現代社會所能產生的流弊，有所警覺。因此，面對五四思想中個人主義與群體意識的兩歧性，我們應該避免徘徊於顧此失彼的兩極端，而正視其雙重的挑戰，以求在思想中如何調和平衡這兩種對立的理念。

　　再就民族主義與世界主義的兩歧性而論，今天中國所面對的國內外威脅，已遠非昔比。因此，我們自然不能再像二次大戰以前那樣毫無保留地肯定民族主義。但是誰也不能否認，民族競爭仍然是今天國際的基本形勢，在各方面，中國都尚未做到它應有的貢獻和取得它應有的地位。因此，我們也不能完全無條件地揚棄民族主義。另外一方面，科技的驚人進展已使「地球村」（global village）不僅是未來的理想，而且也是世界現實形勢之所趨，我們必須發揮世界意識以適應這形勢的需要。總之，五四這兩方面的思想，在今天仍然有其重要的意義，我們也應該正視其雙重挑戰而不可偏廢。

　　理性主義與浪漫主義的兩歧性，更是我們今天重估五四遺產所應彰顯的一面。因為，在一般人的心目中，五四的人文意

識太偏重理性主義，對「人」的瞭解過於偏窄。事實上，在五四初期是有這種傾向。但是，隨著新文學運動和民族主義的展開，浪漫主義的比重也日漸增高，1920年的春天，陳獨秀在《新青年》上發表〈新文化運動是什麼？〉他已對五四初期之偏重理性主義，有所自覺和反省。他在這篇文章裡，除了重申科學理性的重要，特別強調：人的生命，在「知識的理性」之外，還有「本能上的感情衝動」，「知識和本能倘不相並發表，不能算人間性完全發達」，而「利導本能上的感情衝動，叫他濃厚、摯真、高尚，知識上的理性，德義都不及美術、音樂、宗教底力量大」。他已公開承認：「現在主張新文化運動的人，既不注意美術、音樂，又要反對宗教，不知道要把人類生活養成一種什麼機械的狀況，這是完全不曾瞭解我們生活活動的本源，這是一樁大錯，我就是首先認錯的一個人。」

因此，他要呼籲大家注意蔡元培當時說的一句話：「新文化運動莫忘了美育。」同時他也響應了張申甫引用法國大藝術家羅丹（Auguste Rodin）的名言：「美是人所有的最好的東西之表示，美術就是尋求這個美的。」此外，如前所述，他也停止攻擊宗教，重認宗教的重要性，支持張申甫的「新宗教」觀念。

總之，在理性主義與浪漫主義的雙重影響下，五四思想對理性與情感的平衡發展是有相當的自覺。但不幸的是，這種自覺在五四以後的思想發展中沒有能夠持續，造成五四形象中的理性主義特別突出，與中國現代文化的偏枯大有關係。因此今天再認五四，必須繼續陳獨秀當年對五四思想所作的省思，吸取由理性主義與浪漫主義相互激盪所產生的滋養，其重要性不

下於我們透過「五四」的再認，以反省現代思潮中的一些詭譎
歧異和思想困境。

扮演上帝：二十世紀中國激進思想中人的神化[*]

> 服從神何不服從己，己即神也，己以外尚有所謂神乎？
> ——〈《倫理學原理》批注〉[1]

　　毛澤東（1893-1976）於1918年寫下上面這段文字時，他正要從湖南省立第一師範學校畢業。這段文字不僅富有文化啓示，而且也富有政治預言的意義。同時，這段文字也透露出五四時期思想氣氛的重要一面。後來當毛成爲中國共產黨的領導人，這一段文字也同樣預示著他個人在政治風格上的一些顯著的特色。

---

[*]　本文乃英文原著 "Playing God, Deification of Man in the Radical Thought of Twentieth-century China" 之中譯。

[1]　收在中共中央文獻研究室編，《毛澤東早期文稿》（長沙：湖南出版社，1990），頁230。

一

　　首先，這一段文字表達了廣布在五四時期知識分子的一個
普通觀念，那就是人的神化（deifiation of man）。就五四時期的激
烈反宗教的思想氛圍而言，「神化」一詞似乎顯得極不相稱。
因為，反宗教的思想產生於當時盛行的科學主義心態，而這一
心態認為，只要提到神就是迷信。但我們經常忽略了，當時許
多反宗教的看法，常常含藏一個更重要的宗教信念：萬能的人
類現在可以取代神靈，成為宇宙的主宰。

　　這樣的信仰究竟從何而來？部分來自中國傳統。現在已有
學者指出，五四新文化運動反傳統的趨勢，其實與歷史傳統有
延續關係。為了明瞭其間的延續性，我們必須先注意到一項事
實，那就是中國傳統思想中的三支主要潮流都有一個基本觀
念：人類的內在自我含有神性，而且經由道德或精神修為，人
可彰顯天賦的神性，進而神格化。此一信念是以「天人合一」
的精神觀作為基礎，而此一精神觀則是儒道二家思想的核心。
雖然原始佛教教義並不標舉此一信念，可是大乘佛教在中國發
展之後，它的核心思想卻與此信念頗有類同之處。因此，既然
大多數五四知識分子在年輕時代都曾受過不少的傳統教育，上
述人有天賦神性的看法，很自然就隱存於五四的思想背景之中。

　　毛澤東本人即為顯例。當1915年《新青年》創刊開啟五四
新文化運動之時，年甫22歲且身為湖南省立第一師範學校學生
的毛，很快地成為該刊的忠實讀者。1918年從學校畢業後，毛

旋即投入風起雲湧的新文化運動的各類運動，包括編輯刊物、組織學會和發起社會與政治抗議活動[2]。就這樣，從五四早期開始，毛澤東逐漸變爲一位典型的激進知識分子。

不可忽略的是，毛曾深受儒家式的傳統教育。從他後來的回憶以及年輕時所遺留下來的紀錄判斷，我們現在知道毛澤東除了精讀儒家基本典籍如四書、五經之外，也曾涉獵一些宋明理學的主要文獻，像是朱熹的《近思錄》與《朱子語錄》等[3]。因此，毛的基本人生觀有著儒家深刻的烙印，是無足驚異的。

宋明理學「天人合一」的觀念，即是這種人生觀的重要成分之一。根據朱熹(1130-1200)所言：宇宙間萬事萬物均有其終極根源，稱爲「太極」、「理」或「道」，而它們存在於每個人的內在本性中。透過毛當時的老師、後來的岳父楊昌濟(1871-1920)的影響，毛基本上承襲了此一傳統的信念，雖然他並未明顯地套用傳統的詞彙。他早年曾說過這樣一段話：「夫本源者，宇宙之真理。天下之生民，各爲宇宙之一體，即宇宙之真理，各具於人人之心中」[4]。根據這種思想，他曾一度以典型理學家的口吻，宣稱「實體即我」(the reality is self)「我即實體」(self is the reality)。

所以，毛從儒家思想獲得對人之自我的道德與精神潛能的

2　汪樹白，《毛澤東思想與中國文化傳統》(廈門：廈門大學出版社，1987)，頁54-60。
3　同上，頁109-124。
4　毛澤東，〈至黎錦熙信〉，1917年8月23日，收入《毛澤東早期文稿》，頁85。

無限信心，相信透過修為凡人可以成為聖賢。根據他的看法，所謂「聖賢」即是一位通曉宇宙的大本大源，並因而具有對過去、現在及未來超凡的洞察力，且能藉此探悉天地奧秘之人。顯然在毛的心目中，聖賢是指透過道德精神上的努力而成就的「超人」。

郭沫若(1892-1978)也是一位知名的五四知識分子。他的例子也能幫助我們了解，人有神性潛能這一信仰的傳統根源。郭氏早年受到莊子道家哲學和王陽明心學的影響，特別為二者的泛神論所吸引，因而相信萬物包括人類均含有神性。在五四前期留學日本期間，他便察覺到這種深具中國傳統特徵的泛神論和西方有所不同。誠如郭在1921年的一篇文章中寫到：猶太教的傳統相信上帝創造了人和世界，中國傳統顯然與此有別。在中國傳統中，創造天地萬物者是人類而非上帝。「事實上」，他說，「按照中國傳統的看法，人即是神」[5]。儘管當時郭氏反傳統的看法已日益滋生，此文所表現的激進的人本主義，卻正是來自中國傳統。

毛和郭所代表的思想背景並非五四時代的例外。在他們之間確實有許多人宣稱自己是反傳統主義者，很想要否認和傳統文化之間的關係，但事實證明傳統卻對他們的影響常在不知不覺之間，而非他們可以任意超越。傳統的「天人合一」信仰可以再作這一方面的例證。以當時科學主義之昌盛，我們總以為

5　郭沫若，〈我國思想史上之澎湃城〉，見《郭沫若佚文集》(成都：四川大學，1988)，上冊，頁71。

許多五四知識分子會放棄此一傳統信仰，相當有趣的是，在他們的文字之中仍能發現不少這一信仰的蛛絲馬跡，包括激烈倡導反傳統的陳獨秀(1879-1942)、李大釗(1889-1927)、高一涵(1884-1968)與易白沙(1886-1921)等。由此可見，我們必須認識「人的神化」這一傳統思想的淵源，才能深入理解五四時期激進的人本主義之本質。

雖然來自傳統的天賦神性觀念相當重要，畢竟這也只是五四時代對人性的過度自信的部分根源而已，其它根源則來自所謂的西學。史華慈(Benjamin Schwartz)曾指出，嚴復是中國第一代知識分子(1985-1911)的一位典型人物[6]。他對近代西方的「浮普精神」(Faustion-Pronetheamism)[7]非常傾倒。此種傾倒爲五四知識分子所承襲，也助長他們對人性產生荒誕式的樂觀信念，讓他們相信如果人性潛力得到完全的發展，人就可以取神而代之。我們可以說：中國傳統給五四思想帶來道德及精神的人性可以神化這個觀念，在西方的「浮普精神」的影響之下，延伸至自然人性的領域。

這種「浮普精神」最初見之於毛澤東就讀於長沙師範時期的著作。他年青時發表的第一篇文章〈體育之研究〉(《新青年》三卷二號，1917年4月)，便通篇對自然人的原始活力充滿著讚頌。他當時曾經說過這樣的話：「與天爭，其樂無窮。與地爭，

6　Benjamin Schwatrz. *In Search of wealth and Power: Yen Fu and the West*(Cambridge: Harvard University Press, 1964)

7　英文原文是"Panglossian"。Pangloss是伏爾泰小說《憨第德》的主角Candide的哲學導師。

其樂無窮。與人爭,其樂無窮[8]。」這種觀念即是在肯定人之神性的思想背景下形成的。

類似的想法也出現於郭沫若早期的作品。如前所論,年青時代郭沫若也曾將他的泛神論信仰歸諸於道家哲學和陽明心學。但在郭的泛神論之中,傳統的「天人合一」信仰也摻合著郭所讀過的西方浪漫文學,尤其是惠特曼(Walt Whitman,1819-1892)與歌德(Johann Wolfgang von.Goethe,1749-1832)的思想,因而此後郭氏泛神論中,即呈現浮士德式自我神化的形象。在五四時代郭所寫的散文和詩裡,「自我」有時會被認爲具有超人的力量,從事於一場龐大的改造宇宙的奮鬥[9]。

在五四末期,胡適也在一篇爲人所熟知的讚揚近代西方文明的文章中,提出這種對於人之形象的過份膨脹的看法。

根據他的看法,近代西方有幸對人有一種特殊的洞見:相信人靠科學理性,可以變得萬能。胡氏說,近代西方人因此能夠「戡天縮地」,並且建造「人世的天堂」。他指出,現代西方的龐大動力來自他所謂的「人化的宗教」。他這個「人化的宗教」的觀念顯指西方近代文明相信科學可以把人神化的信念[10]。

對於人的形象,陳獨秀大致也有類似科學主義的看法。提倡以科學崇拜來取代宗教,是他的科學觀的一部分。當然,這

8　李銳,《毛澤東的早年與晚年》(貴州:貴州人民出版社,1992),頁7。

9　郭沫若,《女神》(香港:香港三聯書店,1978年),頁43,51,85-86。

10　胡適,〈我們對於西洋近代文明的態度〉,見《胡適文存》,第三集,卷一,頁1-15。

項理念的基礎來自近代西方的實證主義信念。實證主義者相信科學是客觀真理的寶庫，科學因此應該取代愚弄人民的宗教迷信。但同樣重要的是陳氏對科學萬能的看法，他認爲人既能發明萬能的科學，就應該取代上帝而成爲宇宙主宰[11]。

所以，就促進五四思想文化中「人的神化」的動因而言，來自近代西方文化的比重，可以說和中國傳統不分軒輊。然而就在探索這激進的人本主義時，我們不僅要認清其思想根源的二元性，而且還要認清五四時期「人的觀念」中所存在的一種吊詭性：人的「自我」同時有被無限地放大和縮小的可能。一方面，我們看到對個人「自我」特別的重視，另一方面，仔細觀察之下，「自我」消融於群體之中。的確，在五四「人的神化」的思想表面下往往多指群體而非個人，多指「大我」而非「小我」。

我們可再舉青年毛澤東對「自我」的觀念爲例。我已經說明毛的思想受儒家「天人合一」的信仰所影響，這種信仰含有二元的「自我」概念，即內在本質的自我和外在形體的自我。毛曾引用孟子的思想，稱前者爲「大體」或「貴我」與後者爲「小體」或「賤我」[12]。在五四時期盛行的西方個人主義衝擊之下，此二元的自我概念是將個體自我（individual self）與終極實體連結在一起，因而有朝個人主義發展的趨勢。毛澤東在長沙求

---

11 陳獨秀，〈再論孔教問題〉，載《新青年》2卷5號，頁389-392；D.W.Y. Kwok, Scientism in Chinese Thought 1900-1950(Yale University Press,1965), 59-82.

12 毛澤東，《毛澤東早期文稿》（長沙：湖南出版社，1995），頁590。

學階段的晚期思想便透露此一趨勢。本文起首所引用的毛澤東語句，就是寫於此一時期。這一發展趨勢曾在五四時期他的思想中出現。他稱之為「精神的個人主義」[13]。由於這種思想，他曾把個人自我與宇宙的精神根源等同起來，也因而強調個人超越任何群體。

正由於這「精神的個人主義」根植於儒家二元「自我」與「天人合一」的觀念，毛此處對個人價值的闡揚有其曖昧性與脆弱性。最根本的原因，在於儒家傳統有個超越內化的傾向——將超越的「道」或「天道」與天地萬物包括國家社稷銜接起來。這反映傳統思想的超越意識未能充分發展，其結果是超越意識的腰斬與架空。也就是說，儒家思想產生一種傾向，將內在的、本質的自我（essential self），等同於或混同於社會整體或集體之我（collective self）[14]。因此這一傾向往往強調了社會或集體的神聖性，而同時卻犧牲了經驗的個體自我的價值。這可以說明，為何五四時期的毛澤東「精神個人主義」曾使他先拒絕讚揚無私之全體（selfless whole）的觀念，最終卻又回到為全體而犧牲個體（self）的觀念[15]。

同一傾向也見之於當時許多其他知識分子的文字，如前面提到的李大釗、陳獨秀、高一涵、易白沙、高語罕等人，他們一方面肯定自我的價值，而暗藏於其論述背後者，則是程度不

---

13 同上，頁151。

14 張灝，〈超越意識與幽暗意識〉，《幽暗意識與民主傳統》（台北：聯經出版公司，1992），頁35-36。

15 毛澤東，〈理學原理批注〉，《毛澤東早期文稿》，頁151-153。

一的精神個人主義（spiritual individualism）[16]。

即使是胡適——五四時期自由個人主義（liberal individualism）最主要的代言人——的「自我」概念中也帶有一些「精神的個人主義」。他也接受由來已久的區分「大我」與「小我」的看法，並認知「大我」為社會的全體，而個人自我的價值只是為了貢獻社會。這個看法清楚地表現在他有名的「社會不朽論」中[17]。既然這種看法能夠存在於胡適這樣一位自由主義者的思想中，我們大抵可以斷言，五四時期大多數的中國知識分子都會以集體之大我為個體之小我的前提。既然有如此之多的五四知識分子以「大我」消融「小我」的趨勢，「人的神化」殆多指前者而非後者。這方面的趨勢，我們可從傅斯年（1896-1950）的〈人生問題發端〉中清楚地看出。傅是當時與胡適關係很密切的學生，亦是五四時代嶄露頭角成為年輕學生一輩的領導人之一。這篇文章發表於〈新潮〉——五四當時最重要的論壇之一。

傅氏的文章表面上是在提倡一種以個人的自由發展為中心的人生觀，但在這理想背後，傅提出「生活永存」的道理[18]，

16 李大釗，〈今〉，《新青年》4卷4號，頁335-338；李大釗，〈青春〉，《李大釗選集》（北京：人民出版社，1959），頁65-76。高一涵，〈自治與自由〉，《新青年》1卷5號，頁381-384；高語罕，〈青年與國家：前途〉，《新青年》1卷4號，頁385-391；易白沙，〈我〉，《新青年》1卷5號，頁375-384；陳獨秀，〈人生真義〉，《陳獨秀選集》（天津：天津人民出版社，1990年），頁62-64。

17 胡適，〈不朽〉，《胡適文存》（台北：遠東圖書公司，1990），第一集，卷四，頁697-699。

18 傅斯年，〈人生問題發端〉，《傅斯年全集》（台北：聯經出版事業公司），總頁1246。

正是呼應胡適「社會不朽」的主張。所以隨著文章發展，社會之集體自我逐漸成爲傅斯年所關懷的個人自身發展的主要論旨。正如他所強調，個人自我發展的中心思想可以概括爲「努力爲公」這句箴言 [19]。

此一箴言不僅表示出「集體自我」才是傅斯年的人生哲學的中心義旨，它同時也揭示傅斯年對集體自我的力量深具信心——相信此一力量可以達到神化境界。傅斯年在文章最後引述一則「愚公移山」寓言。這則故事取材自道家典籍《列子》。在故事中，愚公與他的兩個兒子想要搬移座落在家門前並阻礙交通的兩座巨山。雖然人們告訴愚公事不可爲，他卻展現出對人類意志力不可撼動的信心。「雖我之死，其（有）子存焉。子（又）生孫，孫又有（生）子，子又有子，子又有孫，子子孫孫，無窮匱也」。最後天帝因爲愚公的信念與毅力而感動，於是派遣兩位天使將兩座大山背走 [20]。

此則道家寓言原意並不在稱頌人類的能力。不錯，此則寓言很讚揚人的決心與毅力這些美德。也是因爲愚公有此美德，天帝神靈才會因而感動，並爲他搬移兩座巨山。因此按照《列子》寓言的原意，完成奇蹟的是具有超人力量的神靈而非人類。

重要的是，傅斯年對此則寓言的解讀有所不同。對他來說，寓言的意義只在於頌揚人類的能力無敵。而且與其說是相信人

19 傅斯年，〈人生問題發端〉，頁1248。

20 「帝感其誠，命夸娥氏二子負二山」。傅斯年的引文有誤，我所參照的是楊伯峻，《列子集釋》（北京：中華書局，1979），卷2，〈湯問〉，頁160-161。

類個體自我的無敵，不如說是群體自我的無敵。傅斯年在文章
最後結論道：「群眾是不滅的，不滅的群眾力量，可以戰勝一
切自然界[21]。」

根據傅斯年對此寓言的解釋，人民群體之我(collective self
of people)取代了神靈，並且戰勝自然。傅氏會有如此詮釋並非
出於偶然，他正是受到五四思潮中兩種觀念——人的神化與融化
自我的集體觀——結合的影響。

既然明白了五四知識分子喜歡談論集體人類的神化，我們
就不會訝異為何烏托邦主義在此一時期如此流行。誠然，五四
時期的烏托邦主義形式不一，不一定與極端的人本主義有關。
不過，當時人對於人的能力過度自信，至少是烏托邦主義之所
以盛行的一個主要原因。

毛澤東年輕時的烏托邦信仰可提供一個例證。我們已知毛在
湖南的學生歲月裡，是以極端的人本主義為其思想標誌。他的文
字不只表達出他對康有為「大同」思想的讚服，同時也認為經歷
道德與精神的轉變之後，人類可以走向至善之境(聖域)[22]。這些
發展線索都不是偶然。之後毛參與五四運動，接觸到當時的激
進思潮，開始以某些獨特的西方無政府和社會主義者的具體思
想，來表達其烏托邦理想。事實上，1920年毛澤東發表一篇他
所謂「新村」的藍圖，便是受了日本無政府主義思想家武者小
路實篤(1885-1976)的一些影響。在這一藍圖中，毛設想一個廢

21　傅斯年，〈人生問題發端〉，《傅斯年全集》，第4冊，總頁1248。
22　毛澤東，〈致黎錦熙信〉，《毛澤東早期文稿》，頁89。

除家庭和政府且自給自足的理想社會,住在那裡的人們共有財產,一切分享[23]。

毛的烏托邦主義在五四知識階層中並不特別,而是時代氣氛的一部分。在當時最為突出地宣揚烏托邦理念的是無政府主義者。許多五四青年未必能像無政府主義者那樣大聲疾呼,並且明白地說明他們的烏托邦理想的內容。但毫無疑問地,對這一理想的渴望如雨後春筍般散布開來,並且和當時流行的思想,如科學主義、民族主義,民主與革命等觀念相結合。除非我們能明白看清當時極端的人本主義所蘊含「人的神化」特色,否則將無法了解五四時代思想裡瀰漫的烏托邦意識。

二

毛澤東在五四時代提出的「自我神化」的觀念,除了反映當時的時代思想氣氛,也很具有政治的預言性。它為我們提供線索,幫助瞭解毛在成為中國共產黨領袖以後所推動的激進政治的一個重要動力。為了了解其中端倪,我們必須首先指出:在中國共產黨思想裡,尤其是以毛澤東思想為主的中國共產主義,「人的神化」也是一個很重要的觀念。這其實一點也不令人感到意外,因為中國共產主義運動本是五四知識分子中的激進派所發展出來的。而且我們不應該忘記,馬克思主義本身即帶有強烈的浮士德式信仰,認為人可以做神,以自己的構想來

---

23 毛澤東,〈學生之工作〉,《毛澤東早期文稿》,頁449-457。

重新塑造自然和社會的世界。

從此一思想背景去看，五四遺產對1949年之前中國共產黨「人的神化」的觀念形成具有深遠的意義。我們只要一讀1945年夏天，毛澤東在第七次全國代表大會上所發表的重要閉幕演說，即可清楚地看出此深遠的意義。可能受了傅斯年在五四時代發表的〈人生問題發端〉的影響，毛在這一篇演說特別提到愚公移山這則寓言故事。在傅氏的文章中，此寓言的重點是表達對群眾終必勝天的信心。現在毛的演說內容，則更進一步直言無諱「集體人的神化」。毛強調，那兩位替愚公移山的天神，正是全體人民的象徵[24]。

在注意到「人的神化」是「愚公」寓言主旨的同時，我們不能忽略毛澤東的演說中所透露的雙重訊息。毛一方面樂觀地指出人民集體自我具有神性。這等於暗示對群眾力量的無堅不摧深具信心，相信勝利終會到來。另一方面，毛的演說也傳達一個戒慎恐懼的訊息。毛特別強調愚公移山所展現的決心與毅力：在最後勝利到來之前，還有一段漫長的鬥爭與汗血要流。

1949年之後，毛的「愚公移山」演說繼續在中國共產黨意識形態裡占著極為顯著的地位。但因為陶醉於共黨勝利，寓言中戒慎恐懼的訊息被遮掩了；反之，神化的概念則得到充分地發揮。一首創作於山西，後來則廣布於全國，在1950年代膾炙人口的歌謠，為毛主義信徒中關於人的神化的觀念，提供了最好的證據：

---

24 毛澤東，〈在中國共產黨第七次全國代表大會上的結論〉，收在中共中央文獻研究室編，《毛澤東文集》（北京：人民出版社，1996），第3卷，頁419。

天上沒有玉皇，

天上沒有龍王，

我就是玉皇，

我就是龍王。[25]

1950年代晚期，中國大陸許多地方流行的上百首歌謠，也都呈現著類似的心態。

這些歌謠中「人的神化」也曾引起中國知識分子的迴響。以王若水（1926- ）為例，王於1980年代曾以馬克思的人道主義立場嚴詞批判中國共產黨，他的馬克斯人道主義即曾含有強烈的極端人本主義。1950年代末期他擔任《人民日報》的編輯時，曾在《前線》發表一篇文章，呼籲大家注意並盛讚前引的流行歌謠，認為這象徵著當時中國人民的傳統世界觀已經改變。因為傳統視人像螞蟻一樣微賤而為神所支配，而山西的歌謠則顯示神與人的關係已完全互換。人對於神、對於天的態度，「不是祈禱而是制服，不是哀求而是命令，不是神統治人，而是人統治神，或者人們就是神」。在文中結論部分，他宣稱：「勞動人民已從螞蟻變成了玉皇」[26]。

王氏在1950年代初期的《人民日報》發表一篇題為〈創世紀〉的文章。該文將集體人類的神化形象表現地更為清楚。在這篇文章中，王若水將盤古開天地的傳說及西方聖經的神話加

---

25 引自王若水，〈從螞蟻到玉皇〉，《前線》（1959年3月10日），收在氏著，《智慧的痛苦》（香港：三聯書店，1989），頁36。

26 同上，頁36-37。

以結合，強力推銷他對人類能力的樂觀信念（anthropological optimism）。在詳述盤古如何自原始渾沌的狀態創造世界，以及人類如何在社會演化下逐步形成社會階級之後，王氏點出文中關鍵之處：人類經歷解放而成為神[27]。

為了呈現這個主題，王氏改編了聖經神話裡人類因偷取知識之樹的果實而改變其命運的教訓。在他看來，勞動者因為發現知識之樹和吃下禁果後，才得以打倒統治階級，並且贏得社會的解放，使得勞動者不但沒有給人類帶來災害，反而因此獲取超人的力量，能隨心所欲地改變宇宙。

更重要的是：隨著人類的蛻變是人類的「發現自我」。他們發現、盤古不是置身於人類之上去創造天地、引導人類的「上帝」（Providence）。盤古其實自始就存在於每個人的自我裡面。所以故事的最終目的是要指出：

> 人不再需要虛幻的神，人自己就是神——
> 人正在成長為神，人是正在成長中的神。
> 從前，人按照自己的形象創造了神。
> 現在，人按照神的形象再創造他自己。
> 人啊，信仰你自己，崇拜你自己吧！[28]

在描述完所有人在自我身上新發現的神性力量後，王若水

27　王若水，〈創世紀〉，《人民日報》（1953年1月7日），收在氏著，《智慧的痛苦》，頁30-31。

28　同上。

繼續對「人」進行讚頌：

> 你是全能的。你神通廣大，法力無邊。
>
> 人啊！地球對於你是太小了，它是你的搖籃，但不是
> 你的歸宿。
>
> 你不必再歸於塵土，你可以到月亮上和其他更遠的星
> 星上建立新的住所。
>
> 你還要繼續征服地球，但你也要開始宇宙的遠征。
>
> 你就要結束你的前期史，向自由飛躍。
>
> 那時你將一步步成為宇宙的主宰，天上地下，都是你
> 的樂園。[29]

　　王若水的故事便在這樣充滿烏托邦的語氣下結束。他這個觀點同時出現於另一篇在《人民日報》發表名為〈夢想與現實〉的文章中。他在該文的開頭，先回顧了一段發生在20年前很有意義的事件。這一件事情是指1933年元旦，《東方雜誌》於新年特大號中發表徵文，題目是「新年的夢想」，問題是「夢想中的未來中國」和「個人生活」。據他說，各種形形色色對中國未來的夢想均顯現在應徵的文章之中。

　　王若水先在這篇文章中把洋洋大觀的「夢想」與當時中國災難深鉅、「黑漆一團」的真實情況加以對照，然後他興奮地說到20年後的現在，夢想和現實之間的鴻溝已經消失，而這正是中國

29　王若水，〈創世紀〉，頁30。

共產革命的功勞。王氏宣稱：「夢與現實之間，現在已沒有不可踰越的鴻溝了。這一切都使我們滿懷信心：夢想能夠轉化為現實。」[30]在文章的結語中，他對未來充滿著樂觀的態度。

如同激進的人本主義一樣，王若水的烏托邦主義在當時並不獨特，而是反映1950年代瀰漫於中國的極端人本主義與樂觀精神。在郭沫若、胡風、劉白羽以及其他人的作品中，也看到這種以不同的方式表達的極度的樂觀精神[31]。當然，當時許多樂觀的看法，是因為經過長期革命的奮戰獲得最後勝利後，精神受到極大振奮的自然結果，但是我們不能忘記這精神的振奮之中，也含有中國知識分子持之已久的「人極」意識。

從此一背景觀察，我們可以瞭解，「大躍進」和「文化大革命」的降臨，不是毛澤東個人的突發奇想，而是上述思想氛圍所發展出來的自然結果。確實也只有從前面提到極度誇大的「人的形象」，我們才能解釋這兩齣歷史鬧劇的瘋狂行為，否則我們如何理解大躍進期間，人們能夠宣稱糧食與鋼鐵的生產只需發揮無畏的膽力與幹勁即可？又怎能理解在大躍進高峰期間，河南范縣地區的幹部，突然宣布該地已準備就緒，將在兩年之內完全轉變成理想的共產社會[32]？當然這類事件不無上級所刻意導引與激發的集體狂熱。但是舉國的狂熱中畢竟也反映

---

30 王若水，〈夢想與現實〉，《人民日報》（1953年1月6日），收在氏著，《智慧的痛苦》，頁6-7。

31 胡風，〈時間開始了〉，《胡風詩全編》（杭州：浙江文藝出版社，1992），頁77-252；《劉白羽散文選》（北京：人民文學出版社，1978），頁219。

32 胡長水，〈烏托邦探原：三面紅旗剖析〉，《知識分子評晚年毛澤東》，頁611-667。

許多真實的信念與激情。此種信念與激情也唯有經過人的神化思想的長期醞釀與發酵才有可能產生。

文化大革命爆發之時，當時的思想氣氛與人民心情已和大躍進時代很有不同。令人為之狂奮的樂觀想法消失了，人們不再天真地相信，國家即將從客觀必然之境躍入自由之境。在毛及其追隨者眼中，大躍進運動的失敗不僅證實準備尚未充分，而且也顯示中國社會主義已倒退成為一個新的階級社會。因此，文化大革命背後潛藏一種拼命走險的心態：中國需要再一次的革命，以防歷史倒退，同時也可以保持中國繼續向共產社會推進的動力。

然而，儘管時代氣氛變了，毛澤東的基本信念依然存在。大多數幹部與民眾依然相信人有神性與人定勝天。雖然人們已經認識到，要實現共產社會的烏托邦理想尚有一段路要走，人們仍然需要努力向這終極社會推進。簡言之，神格化的「人的形象」不只是大躍進背後的動力，也是文化大革命的背後動力。

毛的人之神化理念幫助我們看清，從1950年代晚期至1970年代中期，一個支配中國政治激化的主要思想來源。現代中國的思想與政治激化，使她與許多其它共產國家有別。這些國家在變成共產主義社會以後，它們主要的發展趨勢，是所謂的「去激化」（deradicalization）。除了激化傳統，毛澤東的觀念也有助於我們看清他在共產中國內所扮演的特殊角色。眾所周知，毛統治中國期間，他在老百姓眼中具有神般的地位。作為政治領導人，毛澤東的神格化，無疑係受益於某些殘留的傳統政治文化。其中之一是源自傳統的宇宙王權論，具體表現在天子制度

之中，並賦予政治領導人半神性的地位。另一個根源則是傳統
通俗文化裡的優西摩主義（Euhemerism），也就是傳統中把有特
殊地位或能力的人加以神化的趨勢[33]。這些從中國傳統存留下
來的信仰與觀念，在很大程度上助長了毛澤東的超人形象
（superhuman imgage）的形成。可是作為政治領導人，毛的神化
（deification），主要還是因為他被視為全中國人民的化身。因為
作為集體人類的中國人民是神聖的，集體人類的化身也就很自
然地具有神性。正如毛有時稱群眾為上帝，中國群眾也崇拜他
如上帝。極為反諷的是，毛最初在五四時期提出自我神化的觀
點，目的是在表達他對人的偉大與尊嚴的信念。其結果反而是
助長他自己變成政治領袖以後所獲得的光耀與神輝。

三

　　在本文中，我以「自我神化」為線索，來揭露二十世紀中
國激進思想裡極端人本主義的傾向。文中指出，這項思想的傾
向後來在共產中國帶來兩種悲劇性的結果。也就是毛式的政治
激化和把毛澤東視為一位神格化的政治領導人。
　　如前所述，人的神化理念不但深植於中國傳統，而且也深
植於近代西方思想中。五四知識階層同時承接這些固有及外來
的觀念並以獨特的方式，將這些觀念一併陶鑄成當代中國激進

---

[33] Euhemerus是西元前四世紀的西西里作家，相信希臘神話中的人物乃
　　是神格化的人（deified persons）。

的人極意識(radical anthropocentrism)。因此毛澤東思想有關人
的神化的觀念,基本上來自五四啓蒙運動。從毛澤東思想對共
產革命之悲劇性影響,我們看到了五四文化遺產裡的一個黑暗
面。

不過自1970年代後期文化大革命結束後,中國許多知識分
子的反省批判,往往忽略此一五四遺產中的黑暗面。大多數的
人將這個錯誤歸咎於儒家傳統的所謂「封建遺毒」。同時,五
四新文化運動幾乎理所當然地被視爲是中國共產主義者不幸捨
棄的家傳珍寶。1980年代後期,震撼共產中國文化界而且廣受
知識界歡迎的一部電視連續劇──「河殤」,就是明證。在嘗試
學習歷史教訓之時,中國知識分子似乎尚未以他們批判儒家傳
統的方式,來檢視五四的遺產。

轉型時代中國烏托邦主義的興起[*]

　　本文旨在探究烏托邦思想，在近現代的轉型時期（1895-1925）興起的過程，它興起的背景是轉型時代的兩個語境：一、雙重危機：傳統政治秩序解體的危機與文化基本取向脫序危機；二、傳統思想的嬗變與西方文化流入的互動。烏托邦思想在這時期的發展可分為兩型：軟型與硬型。前者以康有為與胡適為代表，後者以譚嗣同、劉師培與李大釗為代表。全文即環繞對此二型的分析而展開，認識轉型時代烏托邦思想的興起，是認識整個近現代烏托邦思想發展的基礎。

　　本文烏托邦一詞用得很寬泛，它是指一種以完美主義的理想來憧憬與期待未來的社會。準此而論，烏托邦意識在中國現代知識分子之間是相當的普遍，它在二十世紀中國主要思想流派中亦有重要地位。本文旨在探尋烏托邦主義在**轉型時代**

＊　本文譯自英文原著 *the rise of Utopianism in modern China*.

(1895-1925)興起的過程，因為現代中國思想的發展都植根於這段時期。首先，有必要說明轉型時代烏托邦主義興起的兩個歷史語境。

一、轉型時代烏托邦主義的發展脈絡

(一)現代中國的雙重危機

轉型時代的中國正值列強侵逼日急、內部動盪日深之際，當時最明顯的政治思想危機，莫過於那自殷周以來就作為政治秩序的礎石的宇宙王制（cosmological kingship）的解體。面對這種困境，中國知識界亟欲尋求新的政治秩序。可以想見，這新秩序的追求充滿了國家存亡的焦慮以及民族受侵略的恥辱感[1]。

與政治秩序解體相伴而來的是深重的文化危機，我們不妨稱之為取向危機（orientational crisis）。它的出現與轉型時代中國人的意識轉變有關，而「西學」是推動這種轉變的主力。中國與西方雖然自十九世紀初便頻繁接觸，但西潮卻要等到轉型時代才洶湧而入。科學知識無疑是西學的核心，它的傳布雖不足以讓中國知識分子完全接受其中的自然主義世界觀，但卻侵蝕陰陽、五行、四方、理、氣等傳統建構範疇（constitutive symbolisms）。由於這些範疇組成了傳統各種世界觀——包括儒家「天人合一」的思想，它們一旦在理論上失效，將不可避免地導致傳統，尤其

1　關於中國此時期的政治秩序危機，請參看Hao chang, *Chinese Intellectuals in Crisis: Search for Order and Meaning* (Berkeley and Los Angels: University of California Press, 1987), 507ff.

是儒家世界觀的破產。這種效應，明顯見諸當時的知識階層[2]。

　　由於建構範疇的銷蝕而令傳統宇宙觀受到挑戰，逐使「世俗化」過程展開，由此逐步減弱，甚至消解了儒家價值的影響力。傳統觀點認為，以建構範疇表述的儒家價值，體現於宇宙結構之中，因此具備了現代價值所缺少的當然性與神聖性。隨著傳統基本範疇的消褪，這種當然性與神聖性也就必然減弱，儒家價值再也無法像過去一樣引起天經地義式的認同與堅持。

　　儒家價值除因「世俗化」而減弱外，也直接受西方價值與意識形態的猛烈衝擊。本文無意縷析其複雜的解體過程，但只想強調，此一解體現象不但落在個人價值層次上，而且也在價值模式（value-patterns）層次上。忠、孝、仁、義等個人層次上的儒家價值固受到西方思想的侵蝕，經世、修身、三綱等代表的儒家價值形態也逐漸解紐與式微。儒家價值層次上的折損，加上前述的「世俗化」過程，構成了中國自魏晉佛學傳入以來所僅見的價值取向危機[3]。

　　傳統世界觀與價值觀既受質疑與挑戰，危機也就從價值領域擴散到中國文化取向的其他方面，文化認同是其中一例。列文生（Joseph Levenson）曾指出：中國受列強連串打擊之後，動搖了知識分子的文化認同，使其無法固守傳統的自我形象，由此生出一種渴望彌補受創傷的文化自尊的情緒[4]。同時，在中國文

2　Hao Chang, *Chinese Intellectuals in Crisis*, 7-8.

3　*Ibid.*, 7-8.

4　Joseph R. Levenson, *Confucian China and Its Modern Fate*（Berkeley: University of California Press, 1958), xiii-xix.

化認同崩解的同時，中國知識階層在文化巨變中產生了一種知性需求。為了適應急遽且深廣的文化變遷，他們急欲在集體記憶與文化的自我認識中，尋找可資辨識自己是誰、處身何種時代的參照系統。因此，文化認同的受創不只孕育了文化上自我肯定的情緒渴求，同時亦孕育了足以讓他們在逐漸展開的新世界秩序中，找到定位的知性探索。

文化失序的另一個面向是人們對生命與宇宙的秩序與意義感到失落。傳統儒家的宇宙觀與價值觀把生命與宇宙視為整體，但當這些宇宙觀與價值觀發生動搖，中國知識分子都或多或少感受到精神意義的失落以及隨之而來的焦慮與矛盾[5]。

因此，取向危機來由於傳統價值取向、文化認定與精神意義的瓦解。我們必須嚴肅看待由這取向危機的三方面所引發的不安與焦慮。因為透過道德與情緒的轉移，這些焦躁不安很容易引向對政治秩序的探求。當然，這不僅是政治秩序的索求，也是對「世界觀與人生觀的象徵符號」的追尋。後者一方面作為價值取向的基礎，另一方面也使人在文化認同與意義的危機中得到安頓。這也說明了中國知識分子對政治秩序危機所作的回應，常帶有強烈的道德與精神的感受。我認為，轉型時代中國政治思想所彰顯的烏托邦傾向，與上述史實有關。由上述政治與取向的雙重危機所引發的政治烏托邦主義，及其呈現的想像世界，宣泄了人們久經壓抑的道德積憤、精神苦悶與社會政治上的挫折感。

---

5 Hao Chang, *Chinese Intellectuals in Crisis*, 7-8.

(二)傳統與現代西方的互動

　　轉型時期烏托邦主義興起的另一語境，是傳統中國與現代西方在思想上的相遇。這導致中西思想衝突，卻也造成雙方思想化合。烏托邦主義的興起就是這思想化合的顯例。此一事實顯示了：中國傳統與西方思想都有強烈的烏托邦主義傾向。

　　中國菁英文化的主要思想傳統都有烏托邦主義傾向。中國烏托邦主義主要的思想來源是首見於軸心時代的三段結構思維模式（the triadic pattern of thinking），首先它強調人的本質（essence）與現實（actuality）之間的區別，而人的本質是超越的天的內化，唯其如此，人才能在現實世界以外看到理想秩序的可能性。此種區別是軸心時代中國思想的核心[6]。儒家思想認為，本質之所以與現實有別，是由於後者存在著惡。然而，儒家並無根本惡（radical evil）的想法，它相信本質會在惡被徹底根除後朗現[7]。儒家將本質與現實二分，遂有人能實現至善的樂觀信念。

　　本質與現實二分的思維模式，以兩種方式發展為三段結構。其中一種方式認為，本質分享了神聖的超越──天或天道。此種三段結構的思維模式使儒家相信，由於天或天道內化於現實世界，個人因此能將之彰顯。就此而言，儒家相信人有神化的可能。可見烏托邦主義存在於這種儒家信念之中。儒家一方面認為，只有當人透過修身而達到道德完美時，理想世界才會

6　Benjamin I. Schwartz, *The World of Thought in Ancient China* (Cambridge Mass.:Harvard University Press, 1985), 117-127, 288-290.

7　牟宗三，《中國哲學的特質》（香港：人生出版社，1963），頁1-67。

來臨；另一方面儒家還有一個更普遍的想法：只有在現實生活中彰顯其神聖本質的人才能統治天下，成為聖王，為社會帶來理想秩序。

當本質與現實二分的思維模式與本質曾出現在遠古盛世的信念結合，便產生了另一種形式的三段結構：現實→本質→歷史本源在儒家思想中，上述兩種三段結構雖經常混雜出現，卻孕育了烏托邦思想。

到了宋明新儒學，三段結構發展為一種二層的歷史觀。這種史觀的核心是二元的本體論，將純淨的「天道」或「天理」與不純淨的現實世界相對。從時間的角度看，這種二元的本體論將歷史分成兩個階段：一是由天道主宰的三代盛世；另一則是三代以下的衰世(the fall)。兩段歷史之間的緊張關係，激勵了新儒家回歸三代，希望將來能見到天道的重現。此種歷史哲學的背後是儒家的循環史觀，強調烏托邦式的追求：期盼自我與社會能達到道德完美[8]。

三段結構的思維型模式同樣見諸儒家以外的佛道傳統。不論是在菁英或大眾的層面，佛道思想都有烏托邦的理想與信念，可是在大眾層面上得到較大反響，表現出彌賽亞與末世的思想情態[9]。綜上而論，轉型時期的中國知識分子既受傳統薰

---

[8] 《大學》開宗明義強調自我與社會的至善。《四書讀本》（台北，三民書局，1966），頁1。

[9] Hao Chang,"Confucian Cosmological Myth and Neo-Confucian Transcendence," in By Richard J. Smith and D. W.Y. Kwok, eds., *Cosmology, Ontology, and Human Efficacy:Essay in Chinese Thought* (Honolulu:University of Hawaii Press, 1993), 18-19; Thomas A.

陶，理當對烏托邦思想感到親近。

一般咸認，現代中國知識階層受西方文化衝擊，而這種文化表現出強烈的現世樂觀主義並有烏托邦主義傾向。中國知識分子既受傳統思想薰染而懷有樂觀主義與烏托邦主義傾向，他們很容易被西方啓蒙與反啓蒙兩個潮流所帶來的樂觀主義與烏托邦思潮影響。

晚近的歷史研究指出西方啓蒙思想以及它的理性觀念的複雜性。若將啓蒙僅僅理解爲對理性的謳歌膜拜，不單言過其實而且過於簡化。不過，儘管我們已修正對啓蒙的看法，但並不表示可以忽略啓蒙產生了激進的理性主義這個事實。我是指從伏爾泰（voltaire, 1694-1778）、杜爾戈（Turgot, 1689-1755）、孔多塞（Condorcet, 1727-1781）、聖西門（Saint-Simon, 1760-1825）孔德（August Comte, 1798-1857）等人一路下來的思想傳承。他們對人類理性懷有無比信心，由此產生對人的可完美性與社會不斷進步的烏托邦信念。有些史家甚至認爲，啓蒙的激進理性主義就蘊含著像基督教啓示一樣對人類發展預示著最後的戰勝邪惡[10]。

無庸置疑，十九世紀的西方意識普遍存有激進理性主義與過分樂觀主義(Panglossian optimism)。這種心態的通俗表現是社會達爾文主義。它曾在現代，尤其是轉型時代初期的中國知識

（續）————————————————

　　Metzger, *Escape from Predicament: Neo-Confucianism and China's Evolving Political Culture*（New York: Columbia University Press, 1977), 49-165.

10　Eric Voeglim, *From Enlightenment to Revolution*（Durham: Duke University Press, 1975), 74-194.

分子之間廣泛傳播，並造成強烈衝擊[11]。

歐洲的反啓蒙運動是另一個孕育現代西方現世樂觀主義與烏托邦主義的因素。浪漫主義是反啓蒙運動的主幹，它高揚人的意志與精神，再結合無限感，使人相信只要不斷奮進，人類意志可以為自身生命創造不斷豐富的意義。這種世界觀有時被稱為哥德精神或浮士德──普羅米修斯精神，構成浪漫主義的重要面向，並且和激進的啓蒙理性主義一樣，大大助長西方思想中的烏托邦主義。十九世紀西方文學逐漸在轉型時代的中國風行，浪漫主義對當時知識分子的影響不下於激進的理性主義[12]。

由於中國知識分子遭遇雙重危機，再加上思想背景中的傳統與西方因素，他們思想中帶有烏托邦傾向是十分自然的。借用尼布爾(Reinhold Niebuhr)的分類，轉型時代烏托邦主義可分為硬性(hard)及軟性(soft)兩種形式[13]。硬性的烏托邦主義相信當下的現實社會可被徹底改變，並躍進理想秩序，而且相信人有完成這種轉變的能力，因而孕帶著完美的可能性。至於軟性的烏托邦主義則不相信自己有這種完美性與徹底改造社會的能力，只寄望完美的未來在歷史進程中緩慢實現。

11　Eric Voegelin, *From Enlightenment to Revolution*, pp.136-159.

12　H. Stuart Hughes, *Oswald Spengler: A Critical Estimate*（New York: Charles Scribner's Sons, 1962), 81-82; Leo Ou-fan Lee, The Romantic *Generation of Modern Chinese Writers*（Cambridge, Mass.: Harvard University Press, 1973).

13　Hery R. Davis and Robert C. Good, ed., *Reinhold Neibuhr on Politics*（New York: Charles Scriber's Sons, 1960), 12-36.

二、烏托邦主義的類型

（一）「軟性」烏托邦論者──康有為與胡適

1. 康有為

　　康有為（1858-1927）是轉型時代初期的指標人物，其思想有鮮明的烏托邦主義色彩。康有為的烏托邦思想是植基於對儒家「仁」的觀念的解釋。康氏認為，「仁」不只是道德理想，更是宇宙的終極實在。

　　康有為的觀點其實來自儒家「天人合一」的世界觀。然而，他並沒有追隨正統新儒家把實在視為由「理」、「氣」組成的觀點。康有為拒斥這種二元的形而上學，傾向接受自十六世紀逐漸流行的、認為世界只是由「氣」組成的非正統觀點。儘管如此，康有為的一元形而上學並未使他自外於正統新儒家的二元世界觀。康南海認為，雖然世界由氣構成，可是氣有兩種狀態：一為原生、太初的狀態，一為散滅、濁混的狀態。氣在前一狀態中構成了存在的本質，而在後一種狀態則構成了存在的現實性（actuality）[14]。這兩種狀態分別代表了價值上有所區隔的上層與下層的存在。上層或存在的本質屬於人性的理想界，也就是「仁」。據此，康有為接受董仲舒對仁所下的定義：「天，

14　康有為，《孟子微》（台北：臺灣商務印書館，1968），卷2〈性命〉：頁1b-22b。

仁也。天覆育萬物，既化而生之，又養而成之。……人之受命
於天也，取仁於天而仁也 [15]。」

由此可知，康氏的「仁」觀與儒家的原型一樣，主要表現
為一種形而上學的世界觀。與儒家的原型相一致，康氏的「仁」
不僅在揭露世界的本質為何，更在於揭示世界理當如何。就此
而言，「仁」的理念不只投射了道德完美性的理想，而且相信
此理想是存在於宇宙的真實結構中。

康有為的道德完美性的理想既指涉個人，也指涉社會。他的
社會完美觀隨後發展成烏托邦主義。若以特洛爾奇（Ernst
Troeltsch）的分類觀點來分析康氏的烏托邦，可以發現它由兩部
分組成：目的論與價值論。目的論強調實現烏托邦的演變時間過
程，價值論則是以價值高下的觀點描述最終完美之境的目標 [16]。

康有為烏托邦主義中的目的論部分，受了中西方傳統的影
響。就中國傳統資源而言，康有為明顯受了漢代今文經學影響。
他的烏托邦是歷史三階段發展的最終結果，自承此一觀點得自
今文學派。今文家密傳的三世說，亦即「據亂」、「升平」、
「太平」三階段，揭示歷史的發展走向 [17]。這是從孔子故鄉魯
國發展出來的從過去到現在的線性史觀。可是今文學派注重過
去，而康有為卻關注未來。因此，與其說康有為的史觀受今文

15　康有為，《春秋董氏學》（台北：臺灣商務印書館，1969），卷6上〈春
　　秋微言大義・天地人〉：頁10b-11a。

16　佛吉靈（Eric Voegelin）對特洛爾奇（Ernst Troeltsch）的分類有精簡的說
　　明。見Eric Voegelin, *Science, Politics, and Gnosticism* （Chicago: Gateway
　　Edition, 1968）, 88-89。

17　Hao Chang, *Chinese Intellectuals in Crisis*, 50-55.

學家影響，不如說是受宋代新儒學含有未來指向的兩階段論史觀的影響[18]。如前所論，宋代新儒學深切期盼，透過人的道德奮發與作爲，可能在未來重建古代的太平盛世。

可是，就算我們將今文學派與宋代新儒學的史觀一併考量，儒家的史觀仍不足以說明康有爲目的論意識中的歷史終極發展的觀念，因爲儒學傳統並無此種特色。康有爲或許是從大乘佛學中帶有濃重末世味道的「末世」（Buddha-Kalpa）思想獲得靈感[19]。我們必須重視這一思想淵源對康有爲的影響，因爲他從小就受大乘佛學的薰染。康有爲最親近的學生梁啓超（1873-1929）就認爲，康的烏托邦主義深受大乘佛學，尤其是華嚴宗的影響[20]。

可是，不論儒學如何看重未來，也不論大乘佛學的「末世」意識如何濃厚，我們都應當注意，這兩種學說所持的都還脫不了循環時間觀的架構。如果康有爲不曾受到西學洗禮，他是不可能完成其指向終極未來的線性史觀的。康有爲的知識背景，顯示他確曾受過西學影響。康有爲自小便嗜讀「西學」，博覽能找到的西方典籍[21]。我們應該特別注意，康有爲線性的歷史三階段論，相當類似於西方的世俗及基督教歷史哲學。康有爲

---

18 關於新儒家的兩階段前進史觀，請參考嵇文甫，《王船山學術論叢》（北京：中華書局，1962），頁122-163。

19 梁啓超，《飲冰室合集‧文集》，第3冊（上海：中華書局，1936），卷6〈南海康先生傳〉：頁83-84。

20 梁啓超，《飲冰室合集‧文集》，第3冊，卷6〈南海康先生傳〉：頁83-84。

21 Hao Chang, *Chinese Intellectuals in Crisis*, 23-24.

的目的論史觀是本土與外來因子的結合，而現代西方的進步史觀更是不可或缺的因子[22]。

除了綜合本土與外來因素之外，康有為目的論史觀的另一特徵，是它理論表面上的一個困難。康有為認為歷史是客觀、超乎人力的發展過程，有自身的規律與動力。歷史在邁向終極目標，也就是「仁」的完全實現之時，有其進程，人力無法左右。康有為甚至贊同傳統宇宙論者將歷史視為五階段的循環運行過程，各階段有自己的律則與固定的氣數[23]。可是另一方面，康有為的「仁」以及「仁」的具體展現，亦即「太平世」，又常帶有高度的道德唯意志論的性格。這在他的《四書》注解中表現最為清楚[24]。他常表示，烏托邦的最後降臨是人們為自我實現所作的道德精神努力的結果。例如康有為注《孟子》時問道，「仁」的道德理想為何能在「太平世」風行草偃？他的回答是，孟子相信人有天賦向善的潛能。只要人人踐行心中的善性，理想秩序（康有為有時又稱之為「大同之世」）就可以實現[25]。所以，康有為的史觀同時包含了超乎人力的決定論與道德意志論的思想。

不過，對康有為而言，道德意志論與歷史作為客觀、自動的歷程，兩者之間並無衝突。在討論個人與世界的關係時，現代西方的世界觀常以主／客對立的方式表述。據此，如果客體依自身動力運行變化，那麼主體的角色就相對地被視作被動、

---

22 Hao Chang, *Chinese Intellectuals in Crisis*, 50-55.

23 *Ibid.*

24 *Ibid.*, 54-55.

25 *Ibid.*

消極。但康有爲的想法與此不同。他的世界觀來自儒家，並以
「天人合一」爲基礎信念。此種信念認爲，自我與宇宙並不存
在主客二元衝突，兩者毋寧是部分與全體的關係[26]。

康有爲在注疏儒家經典時反覆強調，漢儒與宋儒都認爲，
個體的形神受生於天地，是後者的一部分。因此，宇宙整體在
時空中演化、變動，個體並不會感覺自己無助地受困於客觀因
果作用的過程之中。相反地，個體透過道德及精神的修爲與宇
宙——歷史的演化、律動產生親和感與呼應配合。我們甚至可以
說，宇宙的規律召喚個體藉自身的道德演化以與歷史的進程感
應。根據上述觀點，與康有爲宇宙——社會演化的目的論史觀自
然配合的，是道德積極性與唯意志論，而非道德消極性[27]。

至於康有爲烏托邦主義中的價值論部分，他自認直接承襲
孔子的「仁」的理想。究其實，我們不能把康有爲的烏托邦主
義單純視爲是「仁」之理想的蛻化變種。儘管如此，「仁」的
確是康氏烏托邦主義的開端[28]。因此，檢查康有爲的「仁」觀，
將有助於剖析康氏對未來的想像與價值觀。

田立克(Paul Tillich)曾表示，烏托邦主義的意義在於否定現
實生活中的負面因素，並進而指出，人生的兩大負面因素就是
生命的有限性以及疏離感[29]。他的觀點有助我們看清中國傳統

26　Hao Chang, *Chinese Intellectuals in Crisis*, 54-55.

27　*Ibid.*

28　*Ibid.*, 56.

29　Paul Tillich, *Political Expectation*(New York:Harper and Row, 1971),
　　154-155.

的兩種烏托邦主義。其一是佛教與道教的烏托邦主義。它們的
目標在於克服生命之有限，更甚於克服疏離。其二是儒學傳統。
它的目標克服疏離，甚於克服生命之有限。康有為的「大同」
烏托邦理想雖然有克服死亡的意圖，但是「仁」觀的核心是疏
離感[30]。這疏離感使人想到儒家的「仁」的理想，因為它也預
設儒家仁觀在現存秩序之外所投射的一個完美的理想秩序。

康有為為克服社會疏離感而發展的「仁」的烏托邦，較傳
統儒家的烏托邦原型更為激進。在傳統儒家與宋代新儒學的詮
釋中，社會疏離感之所以產生，主要是由於人民道德的退化，
而不是源於社會既存的規範秩序本身的缺點。因此，儒家並不
認為由「仁」所揭示的完善境界與由「禮」教所形成的現實規
範之間有多少緊張性。儒家甚至認為兩者是互補的[31]。

在康有為的價值論中，此種互補的看法已失效。原來是統
一的倫理價值系統中兩個相互依賴的成分，如今被時間化成為
社會道德發展的兩個前後不同時期。雖然傳統儒家規範秩序的
代表──「禮教」──有其暫時階段性價值，但在康有為含有發
展意識的價值系統中，它終究會被最終的理想社會的倫理──
「仁」──所完全取代[32]。這裡頭所隱含的意義非常清楚：唯有
全然超越既存的傳統制度，「仁」的理想所含有的疏離感才能
完全消弭。

如果社會疏離感消弭了，而「仁」所代表的道德與精神理

---

30 Hao Chang, *Chinese Intellectuals in Crisis*, 57-59.

31 *Ibid.*, 56-64.

32 *Ibid.*, 47-49.

想也具體實現了，社會將是什麼樣的光景？康有爲畢竟忠於他
所承續的儒學傳統，以修身概念定義「仁」的終極實現。正如
在《四書》評注中，他以自我的道德至善來闡釋「仁」的終極
概念[33]。康有爲藉由強調《孟子》、《中庸》的內在心性修養，
突顯儒家道德自主的觀念。他在《孟子微》開宗明義說道：「不
忍人之心仁也。……人人皆有之，故謂人性皆善。……人之性
善於何驗之？於其有惻隱羞亞辭讓是非之心。見之人性兼有仁
義禮智之四端，故獨貴於萬物。……人人有是四端，故人人可
平等自立。自謂不能，是棄其天與之姿，卸其天然之任[34]。」

　　不過，康有爲並不滿足於闡釋自我的道德自主性。由於受西方
自由思想的影響，他進而探求孟子的個人自主與尊嚴概念所包含的
社會、政治意涵。康有爲認爲，既然孟子相信是「天」賜予人人向
善的本能以實現天命，那麼理應同意每個個人都有「天民」[35]。康
有爲將上述信念與漢儒所謂「民者天所在」的想法連起來。認爲「天
子」不該只是皇帝、而是每個個人的尊稱。據此，康有爲認爲儒家
的自我實現觀念與西方自由主義理念──「獨立自主的個人」有相
通之處[36]。康有爲在《孟子微》指出：「人人皆天生，故不曰國民，
而曰天民。人民既是天生，則直隸於天，人人皆獨立而平等[37]。」

---

33 根據康有爲的自編年譜，他曾經對《四書》各篇作評注，可是《大學》
評注今僅存〈序言〉。見Lo Jung-pang, tr. & ed., *K'ang Yu-wei:A Biography and a Symposium*(Tucson: Arizona University Press, 1967), 189-192。
34 康有爲，《孟子微》，卷1〈總論〉，頁2b-3a。
35 同上，頁6b-7a。
36 同上，頁6b。
37 同上，頁6b。

令人不解的是，康有爲在期盼未來理想秩序的同時，他的個人自主性理想卻消失，取而代的是不存在分別，渾然一體的道德理想。康這個渾然一體的理想是受了好幾種世界觀影響而形成的，其中以儒家的天人合一信念最爲重要。康有爲受到這種信念的影響，認爲天、地、萬物爲氣所覆蓋，因而構成一個無別、有機的整體。在此一涵容萬有的整體中，人類因爲無拘無礙的情感交流而結合，組成共同的社會[38]。

康有爲在《大同書》中仔細勾畫了他的烏托邦，並詳論共同社會的理想[39]。康有爲認爲，創造共同社會的前提是，人類必須打破現有社會及政治秩序所規範的等別與藩籬。他認爲當今的等別與藩籬可分爲兩類：其一生於社會內部，由階級、私有財產、性別歧視、婚姻與家庭等造成；另一生於不同社會之間，由種族偏見、領土國家的制度等造成[40]。

康有爲的烏托邦標舉的不只是平等、無等級、無族別的社會共同體，也是「去國界合大地」的世界共同體。可是，這並不表示康有爲一概否定政治權威的制度。康有爲對政治權威的看法，使他的烏托邦主義迥異於其他形式的烏托邦思想。因爲其他烏托邦思想多反對政府與威權，可是康有爲的烏托邦卻是有政治組織的世界國家[41]。

康所構想的世界國家的政治結構有兩項特色。其一爲聯

---

38 康有爲，《孟子微》，卷1〈總論〉：頁6、15a-b。
39 Hao Chang, *Chinese Intellectuals in Crisis*, 56-63.
40 *Ibid.*, 59-62.
41 *Ibid.*, 62-63.

邦主義。其確切意思是，世界國家是由許多小而自主的區域
聯合而成[42]。不論是區域政府或世界政府，都是以民主制度
爲架構[43]。民主政府，尤其是區域級民主政府的組織功能是很
大的。在「大同」之世，政府必須照顧每一位公民「從出生到
死亡」的幸福。既然政府肩負如此龐大的社會福利責任，原本
許多屬於家庭或公司的社會經濟功能，就只能由政府接管。康
有爲於是認爲，未來的社會將不再有私有制度，公有制公有財
產與公營企業制度將是普遍的制度[44]。難怪梁啓超在二十世紀
初綜合介紹康有爲的「大同」理想時，特別強調康氏烏托邦政
府的「干涉主義」特質。梁啓超認爲，「社會主義」是康的烏
托邦主義的指導原則[45]。此一社會主義烏托邦的基礎，顯然是
康有爲的社會共同體而不是個人自主的理想。

在康有爲的烏托邦思想中，目的論與價值論這兩方面都受
到詳細的闡釋，此後很少有人像康氏一樣對這兩方面都作詳細
的闡發。「軟性」的烏托邦主義者胡適也不例外。

2. 胡適

一般認爲，胡適(1891至1962)是二十世紀中國最著名的自
由派思想家。他在1910年代晚期，也就是五四運動期間聲譽鵲

42　Hao Chang, *Chinese Intellectuals in Crisis*, 62-63.

43　*Ibid.*

44　*Ibid.*

45　梁啓超，《飲冰室合集・文集》，第3冊，卷6〈南海康先生傳〉：
　　頁76-78。

起。胡適的烏托邦思想與儒學中的樂觀主義有關。在《四書》
成為宋明儒家學說核心的時期，此一樂觀主義顯得更為突出。
四書對人性提出樂觀的看法，極易轉變成烏托邦思想。孟子思
想是儒學現世烏托邦主義的代表，認為人人都可以如聖人一樣
達到道德至善境界。又因儒學認為政治是個人品德的延伸與擴
大，個人道德之至善因而與社會道德之至善息息相關，是故，
如何透過修身以達到道德至善之境，便成為宋明儒學的關懷重
點。

　　宋明儒學的程朱學派提出「主智主義」的修身法門，強調
對儒學經典的理解與掌握[46]。「主知主義」遂成為達致個人與
社會道德至善的關鍵至要條件。我們不妨稱程朱學派為「主智
主義」的樂觀主義。胡適的思想正受此影響。

　　胡適的父親曾精研程朱學派的道德哲學。胡適在自傳中提
到，在讀了父親依新儒家道德哲學而編寫的兩本四言的韵文集之
後，才開始他的知識生命[47]。因此，相信主智主義的新儒家主流
思想，早早就灌進他年輕的腦袋。胡適後來確實反對新儒學傳
統，但他反對的僅是其中的道德與知性內容。胡適始終抱持新儒
學的信念，認為個人與社會道德的至善，必賴於知性的培養與知
識的增長。正如胡適自承，此一主智型樂觀主義使他早年開始研
讀西方哲學時興趣偏向杜威（John Dewey, 1859-1952）與赫胥黎

46　馮友蘭，《中國哲學史》（香港：太平洋圖書公司，1956），頁891-894。
47　胡頌平，《胡適之先生年譜長編初稿》（台北：聯經出版事業公司，
　　1990），頁29-30。

(Thomas Huxley, 1825-1895)的哲學世界觀 [48]。

當然，胡適在杜威與赫胥黎思想中找到的「主智主義」與他熟悉的儒家「主智主義」多有不同。由達爾文(Charles Darwin, 1809-1882)演化論所揭示，再經赫胥黎與杜威發揚的科學方法與觀念，迥異於儒家「主智主義」對知識與學習所下的定義。不過，我們不當忽略二者之間的共通性。正是由於這些共通性，胡適才得以從後者轉向前者。胡適認為，程朱新儒學的中心論旨在於「學原於思」[49]。新儒學對「思考與推理」的注重，與赫胥黎及杜威再三強調方法論的精神實有相通之處 [50]。此外，新儒學亦相信奠基於「思考與推理」的知識，是通往個人及社會至善的不二法門。正統新儒家的這種主智型樂觀主義，很容易讓胡適聯想到赫胥黎與杜威 [51]。要言之，赫胥黎思想表現出維多利亞社會對理性與進步的信心。學者也多半如此評論杜威的烏托邦主義思想，認為他的哲學源於一種樂觀信念，相信唯一阻擋人類進步的因素是偏見與無知，而這兩者可以透過科學理性加以掃除。胡適說，赫胥黎與杜威是他知識生命的兩大源頭。然而，我們不當忘記，他之所以能與赫胥黎、杜威的思想親近，實是因為他的思想背景中的儒學影響為之墊腳。

胡適的儒學知識背景以及杜威、赫胥黎的知識樂觀主義，最終發展成以科學主義為主的烏托邦主義。1920年代，中國知

---

48 胡頌平，《胡適之先生年譜長編初稿》，頁82-83。

49 同上。

50 同上。

51 同上。

識分子掀起了科學與人生觀的論戰，胡適參與其中。從辯論中可以清楚看出他的科學主義態度[52]。胡適認為，科學是經驗與知識的唯一有效的模式，也是吾人瞭解真實的基礎。科學不單增加我們正確瞭解事物的能力，同時亦增加我們做出正確道德判斷的能力。因此，人可透過科學建立起正確無誤的生活觀與世界觀[53]。另一位科學主義者吳稚暉曾說：「智識以外無道德。知識既高，道德自不得不高[54]。」由於胡適相當推崇吳稚暉，可以想見，他會贊同吳的觀點。

對胡適來說，科學是人類進步的根基。他從西方文明的經驗看到，只要科學不斷發展，社會也就不斷發展。這個結論也使胡適對未來的人類社會投射非常樂觀的憧憬[55]。

胡適批評當時的保守主義者，認為他們將現代西方文明化約為物質主義取向的觀點過於簡單。胡適強調，現代西方文明的精神動力是理想主義，應當成為全世界的典範[56]。這種理想主義的根源是現代科學知識，它賦予人類無限智慧。因此他提出「科學萬能」的觀念，表示了人能征服自然，成為「世界的

---

52 胡適，《胡適文存》（台北：遠東圖書公司，1983）第二集，卷一〈科學與人生觀序〉，頁120-139。

53 〈科學與人生觀序〉，頁136-138。

54 吳稚暉從某個日本人處得到此一斷語。見羅家倫、黃季陸主編，《吳稚暉先生全集》（台北：中國國民黨中央委員會黨史史料編纂委員會，1969），卷10〈國是與黨務〉，頁1235-1236。

55 胡適，《胡適文存》第三集，卷一〈我們對於西洋現代文明的態度〉，頁1-15。

56 同上，頁4-5。

主宰」[57]。再者，科學帶來的知識力量可以改善人類的道德境界。知識進步代表了理想的擴大、想像力的提升、以及更豐沛的同情能力。藉由這些能力的提升，人類得以創造、實現更高層次的道德理想[58]。胡適認為，西方在十八世紀揭櫫的自由、平等、精誠一致等理想，以及現代所提倡的社會福利與其他社會主義理念，都證明了現代科學文化特別有助於道德的提升[59]。知識與道德的進步也指向現代西方文明另一重要趨勢，用胡適的話說，就是宗教的人性化[60]。宗教人性化一方面與「神聖的不滿」有關，意味著人類不安現狀及與日俱增的需求[61]；另一方面，亦表示現代人不再乞求神明的幫助與照顧，而獨自面對挑戰與戰鬥[62]。胡適曾以一首通俗歌曲描寫人類這種不信神的自立精神：

> 我獨自奮鬥，勝敗我獨自承當，
>
> 我用不著誰來教我自由，
>
> 我用不著什麼耶穌基督，妄想他能替我贖罪替我死[63]。

重要的是，這種勇猛奮進的浪漫思想，充滿著普羅米修士

---

57 胡適，《胡適文存》第三集，卷一〈我們對於西洋現代文明的態度〉，頁7-9。

58 同上，頁10-12。

59 同上，頁10。

60 同上，頁9、12。

61 同上，頁14。

62 同上，頁14-15。

63 同上，頁8。

式(Promethean)的自信。胡適強調，現代人捨棄了傳統天堂樂土
的想法，代之以人類有能力在此世建立天堂的信念[64]。胡適認
為，這是現代西方理想主義中最令人興奮的一面，而中國人也
必需擁抱此一理想[65]。胡適借用鄧內孫(Tennyson)〈尤里西斯〉
的詩句，用以歌頌現代普羅米修士的烏托邦主義。

> 然而人的閱歷就像一座穹門，
> 從那裡漏出那不曾走過的世界，
> 越來越遠，永遠望不到他的盡頭。
> 半路上不幹了，多麼沉悶呵！
> 明晃晃的快刀為什麼甘心上銹！
> 難道留得一口氣就算得生活了？
> …………
>
> 朋友們，來罷！
> 去尋找一個更新的世界是不會太晚的。
> …………
>
> 用掉的精力固然不回來了，剩下的還不少呢。
> 現在雖然不是從前那樣掀天動地的身手了，
> 然而我們畢竟還是我們，……
> 光陰與命運頹唐了幾分壯志！
> 終止不住那不老的雄心，

---

64 胡適，《胡適文存》第三集，卷一〈我們對於西洋現代文明的態度〉，頁9。
65 同上，頁1-15。

去努力，去探尋，去發現，
永不退讓，不屈伏[66]。

(二)硬性的烏托邦論者──譚嗣同

在「軟性」烏托邦理論出現的同時，中國智識階層之間也出現了「硬性」的烏托邦主義。這位在戊戌變法時代曾與康有為合作的譚嗣同(1865-1898)，是第一位清楚表達出「硬性」烏托邦思想的人。表面上看，譚、康二人的烏托邦主義相當一致，譚極為重視「仁」，與康殊無二致[67]。譚嗣同在作品中公開贊同康有為的歷史三階段論，而且特別強調「大同」的烏托邦理想[68]。而且，譚嗣同曾視康南海為思想導師[69]。不過，譚嗣同的思想並非始終一貫。他雖然贊同康有為的歷史哲學，但其作品卻流露壯烈的情懷，表現出「激進」烏托邦主義的態度。

譚嗣同比康有為更注重「仁」。他們都以儒家「天人合一」的思想為基礎，反對正統新儒家的二元形上學，將天人合一視為一元的本體論。我們已經討論過，一元的本體論是指世界乃由不可再化約的元素「氣」所構成。譚嗣同認為，「氣」就是十九世紀西方科學中所說的「以太」(ether)[70]。由於「氣」有

---

66 胡適，《胡適文存》第三集，卷一〈我們對於西洋現代文明的態度〉，頁14-15。

67 Hao Chang, *Chinese Intellectuals in Crisis*, 66-103.

68 譚嗣同，《譚嗣同全集》(北京：三聯書店，1954)，頁51-53、337。

69 同上，頁337。

70 同上，頁119-121。

兩種存在狀態，那麼這種一元的本體論也就孕育著二元的存在秩序。在現實的世界中，「以太」以相當混濁、緩滯、不和諧的狀態存在，但在存在的本體秩序中，「以太」卻是純淨、活潑、生動、和諧。譚嗣同認為，「仁」的理想境界就是表現出此種存在的本體狀態[71]。

譚嗣同通過政治及歷史的發展，看到存在的二元秩序。他認為現實的存在秩序就是自秦統一天下以來的王朝秩序。他批判此種秩序只是一連串的政治掠奪與道德虛偽[72]。不過，譚嗣同並未像傳統儒家一樣，將王朝秩序的道德衰敗與遠古三代的道德純潔相對比。反之，他瞻望未來，相信以「仁」為代表的存在理想秩序正在前面召喚我們，歷史會「自苦向甘」[73]。一般認為譚嗣同借用了康有為的歷史三世說，其實他主要的史觀是視歷史只有兩階段：自今以前的漆黑歷史與自今而後的光明未來。

如何自黑暗走向光明？譚嗣同表面上取法康有為。誠如前述，康有為認為，要從黑暗走到光明，必須依靠道德的努力以及歷史動力，而這個過程相當緩慢，必需經歷三個歷史階段始能完成。雖然譚嗣同接受康有為的漸進式進步觀，可是他猛烈地攻擊傳統的王朝秩序。譚嗣同「衝決網羅」的強烈悲情意象，表示了他認為現有的秩序應予以全面的摧毀[74]。

康有為的改革運動失敗，譚嗣同成了慷慨成仁的烈士，更

---

71 譚嗣同，《譚嗣同全集》，頁9-15。

72 同上，頁54。

73 同上，頁4-5。

74 同上，頁4。

加增強了「衝決網羅」的全面否定意識。藉由殺身成仁，譚嗣同以身驗證，唯有流血才能洗淨汙穢的現在，中國的政治命運才能得到救贖[75]。1897至1898年，譚嗣同在湖南從事維新運動期間，便已顯露此種思想傾向[76]。不難理解，譚嗣同死後，當時許多革命分子都以他為榜樣[77]。如果我們考察譚嗣同的主要著作與政治活動，就會發現其中燃燒著強烈的悲情。在激情的比照下，他的漸進式進步觀反而顯得黯淡。譚嗣同強烈的悲情反映了他的信念——唯有經歷翻天覆地的變革，才能通往烏托邦的未來。

譚嗣同的烏托邦理想究竟所指為何？我們見到，他的著作表達了掙脫傳統制度的桎梏、追求個人自主的信念[78]。可是，我們也看到，譚嗣同以「仁」去構繪一幅強調去私無我的一元世界圖像；相較之下，他的自主觀念顯得無足輕重。譚嗣同的無我，是從新儒學、大乘佛學以及道家的神秘主義發展而來的，代表著無法言傳以及直訴心源的思想[79]。但在這神秘意象之上，譚嗣同又加上一層理想社會秩序的想像，儘管他的闡釋並不十分清楚。譚嗣同的理想社會秩序是一個有機的生命共同體，其中人與人的情感可以自然流露，無羈無礙，無疆無界。情感的交流既跨越國家與民族疆界，生命共同體便體現涵融萬有的世

75 梁啓超，〈仁學序〉，收入於《譚嗣同全集》，頁515-516。
76 張灝，《烈士精神與批判意識》（台北：聯經出版事業公司，1988），頁71-86。
77 同上，頁71-86。
78 《譚嗣同全集》，頁51。
79 張灝，《烈士精神與批判意識》，頁99-103。

界主義精神。這與新儒家「天下一家」的理想如出一轍[80]。既然情感交流不受社會中的性別階級所囿，那麼這個生命共同體便也具有極端的平等主義精神[81]。

譚嗣同與康有為的差異在於，譚不以制度的設立來表達烏托邦精神。因而，我們對譚嗣同的了解多半集中於他所反對的制度為何，而非他羨慕的理想制度為何。譚嗣同認為，理想秩序的降臨不只反對君主體制，也反對儒家的「禮」教[82]。因為「禮」教不只充斥著壓迫與歧視，更與以「仁」為基礎的普世性的生命共同體精神對立[83]。儒家的「三綱」思想最能表現禮教這種壓抑性與歧視性。譚嗣同發現，三綱之義為帝王的權威結構與家庭制度在意識形態上加以神聖化。而此結構與制度，正與他的烏托邦理想的道德精神相牴觸[84]。由此觀之，譚嗣同相信，唯有推翻傳統制度基本結構，理想秩序才能落實。

從譚對「仁」的闡釋，我們還可看到動力主義（dynamism）與行動主義（activism）在譚嗣同的大同無私之理想中的重要性，如此才能真正了解他的烏托邦主義的性格。譚嗣同想像的無私的理想世界，並非靜如死水，而是動態的和諧[85]。譚嗣同認為，儒家的「仁」肯定生生不息的生命，而這正是生氣勃勃的理想

80　張灝，《烈士精神與批判意識》，頁89-129。
81　同上。
82　同上，頁114-129。
83　同上，頁117-129。
84　同上，頁121-129。
85　同上。

世界的基礎⁸⁶。然而，他對「仁」的理解畢竟與儒家對生命的見解不同。例如譚嗣同雖然在《仁學》中同時肯定生命與世界，可是他的人生觀與世界觀卻極嚮往西方工業社會的文化精神。

他驚嘆西方科技的威力與成就，並認為這與西方視時間為珍寶，高度的惜陰的看法有關。譚嗣同說，現代技術發明，諸如汽船、火車、電報等等都是省時的寶貴工具，它們的出現不啻讓人類壽命延長好幾倍⁸⁷。譚嗣同對西方人的旺盛精力與蓬勃生命力印象深刻，他甚至認為，他們之所以取得驚人成就並不斷在世界擴張其勢力，主要受惠於這種文化氣質⁸⁸。《仁學》強調的另一個價值是「奢」⁸⁹，但它不同於字面上的「奢侈」、「浪費」之意，而是指盡量地消費、投資、享受、充分地與一往無前地生活的意欲。因而，「奢」與繁榮工業社會中常見的恣意浪費、縱情精神毫不相干。譚嗣同頌揚「奢」，表明他對工商業社會的精力與動能有著無比信心與嚮往。因此，譚嗣同肯定生命的「仁」觀，帶有現代西方普羅米修士的精神特質⁹⁰。

科學誠然是譚嗣同的普羅米修士世界觀的核心，但他的科學觀表現出強烈的轉化意識。譚嗣同認為，科學除了帶來征服自然、主宰世界所需的知識力量，也提供了解開宇宙與生命的終極實在奧秘的鑰匙。正如前述，譚嗣同把終極實在視為由「氣」

---

86 張灝，《烈士精神與批判意識》，頁121-129。
87 Hao chang, *Chinese Intellectuals in Crisis*, 92-93.
88 *Ibid.*
89 *Ibid.*
90 *Ibid.*

或「以太」合成的渾然之物。可是人類的思維與觀察習於分判，以致無法看見渾然無別的真實[91]。想要探知終極的實在，可以乞靈於各種宗教神秘主義型的靈知（gnosis），尤其是大乘佛學[92]。譚嗣同相信，科學可以使人了解宇宙的終極結構——以太。此外，科學也有助於人超越習以爲常、扭曲真實界的分別等差思維。可以說，譚嗣同其實將科學視爲一種重要的靈知。根據這種看法，他認爲西方科學與儒學之間，有著極爲深刻的思想親和性[93]。

簡言之，科學與宗教都是靈知。對譚嗣同而言，這種科學性的靈知極爲重要，它不只帶來知識的啓蒙，還是解救世人的良方妙藥。原因是，終極圓融的知識能改造人的精神生命，從而體驗與宇宙整體合而爲一的幸福[94]。因此，譚嗣同熱衷於西方科學與科技，反映了神秘的靈知心態以及普羅米修士式的世界觀。一旦這種心態及世界觀與追求無私無我的大同世界的道德精神理想結合，就會在二十世紀的中國引發極端的烏托邦主義思想資源。

（三）無政府主義者——劉師培

繼承譚嗣同的硬性烏托邦主義精神的，並非他的維新改革派同志，而是鼓吹革命與無政府主義的激進知識分子。他們在

---

91 譚嗣同，《譚嗣同全集》，頁11-18。
92 同上，頁32-34、47-50。
93 同上，頁33。
94 同上，頁32-34、47-50。

1900年代的革命運動中，人數雖然不多，卻發出了高亢的聲音
[95]。中國無政府主義者的烏托邦思想，主要受當時歐洲的無政府
主義思潮影響。可是，中國傳統，尤其是儒家思想，為他們的
烏托邦思想作了一些舖路的貢獻。大多數中國無政府主義者在
接觸西方思想之前，已深受儒學薰陶。因此，研究中國無政府
主義者的烏托邦思想，必須注意他們受到儒學的一些影響。

劉師培(1884-1919)就是個好例子。劉在無政府主義知識分
子中具有領導地位。1900年代晚期，中國出現三份無政府主義
刊物，劉主編其中二份[96]。劉師培祖上世代習儒為官，家世中
儒學傳統深厚[97]。因此他從小就接受良好的儒學教育。年約二
十，已是頗享盛名的學者，擅長當時流行的考據之學，也就是
「漢學」[98]。所以，劉師培雖然自青年時期就被「西學」吸引，
但儒學早已在他心中生根。

從1905年出版的重要論著《倫理學教科書》來看，不難發
現儒學對劉師培的影響[99]，因他仍以儒學的「修身」來闡述倫
理學[100]。無容置疑，劉師培的修身觀念已與傳統不同，他排斥
儒家的「禮」教，尤其是其核心思想「三綱」說[101]。此外，他

95 Peter Zarrow, *Anarchism and Chinese Political Culture* (New York: Columbia University Press, 1990), 172-173.

96 Hao chang, *Chinese Intellectuals in Crisis*, 172-173.

97 *Ibid.*, 146-149.

98 *Ibid.*, 146-147.

99 *Ibid.*, 156.

100 *Ibid.*, 156-162.

101 *Ibid.*, 162.

的人性觀也受西方學說影響。例如，他喜歡以心理學概念取代
傳統儒學常用的形上學語言來闡述人性論[102]。但是，劉師培在
討論修身的方法時，仍保留了大量儒家有關精神修養與性格鍛
鍊的思想[103]。更重要的是，他心目中的倫理學的終極目的，與
《四書》的道德理想主義極為相近。只不過劉已不再使用儒家
的「聖人」與「君子」觀點來討論人格理想。此外，劉師培也
擺脫儒家的聖王傳統，不以三代作為社會至善的典範。儘管如
此，我們仍可以從劉師培的「完全之個人」與「完全之社會」
兩個概念清楚看到，他仍受儒家的影響，關懷自我與社會道德
如何臻於至善的問題[104]。

究其實，劉師培之所以對現代西方的民主意識形態感興
趣，正是受儒家傳統對自我與社會至善的追求的引導。例如他
在他的重要論著〈中國民約精義〉中說，儒家理想秩序「大同」
之世的來臨，就是民主制度普遍實行的時刻[105]。因此，我們無
需訝異劉師培常常透過儒家用以定義自我與社會至善的道德理
想去認識民主觀念。在劉師培的作品中，民主觀念常常不可避
免地沾染來自濃厚的儒家道德理想主義色彩[106]。

在他奉民主制度為理想秩序之後不久，劉師培東渡日本並
一變而為無政府主義者[107]。接受無政府主義思想後的劉師培，

---

102 Hao Chang, *Chinese Intellectuals in Crisis*, 158.
103 *Ibid.*, 159.
104 *Ibid.*, 156-157.
105 *Ibid.*, 164.
106 *Ibid.*, 149-167.
107 *Ibid.*, 172-173.

對代議制度感到不滿，再也無法熱情鼓吹民主制度[108]。雖然如此，劉的無政府主義作品仍然帶有許多自由主義的理想，諸如自由與平等。更重要的是，他發現人可以藉無政府主義通往自我與社會的道德至善[109]。

是故，我們不能單從現代西方尋找中國無政府烏托邦主義的知識來源。以劉師培爲例，還必須考慮儒家樂觀主義與道德至善主義的因素。對劉師培及其思想同道而言，無政府主義究竟追求何種烏托邦社會？我們可以從一群無政府主義者於1907年創辦於巴黎的《新世紀》的創刊號尋得一些線索。該刊的首篇文章宣稱，現代社會進步的動力來自於「公理」與革命的結合[110]：公理爲人類設定目標，革命則是達成目標的工具。這篇文章對未來充滿樂觀，相信公理與革命的結合必定有利於開啓無限的進步，而且會爲二十世紀帶來理想秩序[111]。

這種高亢的樂觀主義其實是中國無政府主義者的特徵。可是，他們的革命所指爲何？他們之所以讚美革命，當然與無政府主義者對社會進步的信念有關。可是他們也相信，徹底打破既有秩序將加快進步的速度，躍入理想的未來。爲了仔細分析中國無政府主義者的目的論理想，我們必須去認識克魯泡特金

---

108 Hao Chang, *Chinese Intellectuals in Crisis*, 174-175.

109 *Ibid.*, 173-174.

110 新世紀書報局編，《新世紀》（*La Tempoj Novaj*）1（June22, 1907）。收於沈雲龍主編，《近代中國史料叢刊‧三編》，第32輯（台北：文海出版社，1987），頁1-2。

111 新世紀書報局編，《新世紀》（*La Tempoj Novaj*）1（June 22, 1907）；沈雲龍主編，《近代中國史料叢刊‧三編》，第32輯，頁1-2。

（Kropotkin, 1842-1921）的革命思想，因為他是中國無政府主義者心目中的守護神[112]。

克魯泡特金的革命思想受歐洲啓蒙運動的樂觀人性論影響[113]。這一樂觀主義強調人性本善，與基督教的原罪觀相對立。根據基督教的說法，人性在墮落後已經腐化。因此，人無法管理自己；惟有藉外力的控制，人們才能共處。也因此，基督教思想認為社會制度是人類之必需。但是克魯泡特金卻認為，社會制度本身才是墮落的淵藪。如能將之消除，人就可以恢復沒有罪惡的生活。誠如一位學者所言，「基督教以墮落說明制度的必要性，克魯泡特金則是以制度說明墮落[114]。」由此觀之，克魯泡特金的人性論就是他的政治觀的基礎。罪惡來自於人性之外的制度，如能以革命手段拔除此一罪惡之根，人就可以進入一個充滿善意的樂園[115]。

中國無政府主義者之所以接受克魯泡特金的革命理論，一方面出於回應現代西方的人性論與社會觀，但更重要的是受自己傳統的影響。首先，克魯泡特金從歐洲啓蒙運動得來的樂觀主義，讓中國無政府主義者聯想到孟子的性善論。可是，以孟子性善論為本，儒家卻發展出與克魯泡特金相當不同的政治觀

---

112 在無政府主義者的刊物中，不論是發行於東京的《天義》報、《衡報》與巴黎的《新世紀》，克魯泡特金的身影逐漸壓蓋過其他的歐洲無政府主義思想家。

113 Eric Voegelin, *From Enlightenment to Revolution* (Durham:Duke University Press, 1975), 218-219.

114 *Ibid.*；此處意見係根據Voegelin的分析。

115 *Ibid.*

點。儒家同樣視政治爲個人人格的放大與集體表現，其首要之務在於洗滌人心、彰顯本性。因此，儒家政治特別強調道德教育，強調轉化人的性格，而非改變制度。儒家的這種政治觀點與克魯泡特金或基督教的政治觀均很有不同。

不過，克魯泡特金的人性論卻與新儒學的非主流思想相當契合。有些宋明理學家認爲，人性由氣組成，而氣的純樸狀態充滿生機與善[116]。正如前述，康有爲與譚嗣同的人性觀與此派思想極有淵源[117]。譚嗣同從此派理學出發，指出人性之本善與生命力之所以受到壓抑與污染，是受制度環境影響[118]。所以，克魯泡特金的人性論，其實強化了某種早已在中國知識階層孳生的人性論。

綜上可知，中國無政府主義者的革命論，其實結合了歐洲近代啓蒙運動以及儒家兩大傳統的樂觀主義。這種革命理論勢將爲二十世紀中國知識階層，尤其是左翼分子所廣泛接受。

中國無政府主義者認爲只有透過革命才能實現「公理」於理想秩序之中。那麼，何謂「公理」？這些無政府主義者所指的「公理」，明顯包括他們自歐洲近代思想所學得的道德、政治理想。若以劉師培的思想爲例，個人自由在「公理」中當占有重要位置[119]。如前所述，追求自我與社會的道德至善，是劉師培無政府主義思想的主軸。與康有爲一樣，他認爲個人自主

116 嵇文甫，《王船山學術論叢》，頁83-98。
117 Hao Chang, *Chinese Intellectuals in Crisis*, 41-50, 84-93.
118 *Ibid.*, 84-103.
119 *Ibid.*, 149-167.

是道德至善的首要條件。

不過,對劉師培及其無政府主義同道而言,個人自主誠然重要,但畢竟只是「公理」的一部分,還有其他「公理」,如平等,普遍無私的愛等等都是其中犖犖大者。中國無政府主義者對普魯東(Proudhon,1809-1865)、巴枯寧(Bakunin, 1814-1876)、克魯泡特金等人的集體無政府主義的青睞,遠勝於對史特納(Max Stirner)所代表的個人無政府主義的興趣,說明了他們對平等及無私博愛的執著[120]。在普魯東等人的無政府主義中,平等與互助合作的理想和個人自主同等重要。不過,在集體無政府主義的不同版本中,克魯泡特金的思想最為中國知識分子鍾愛。因為克氏向世人揭示,個人自由與互助並非兩相排斥。反之,它們可以並存,共同構成理想秩序的偉大遠景。克氏在他的「互助」理論中申明這種觀點[121]。克氏認為,人性既有樂善好施的本能,也有自私的天性。同情心與慈悲心,一如忌妒與憎恨一般自然。因此,人的個人化,並不必然造成離群索居。人類的互助天性,會讓他們群居合作。克氏據此很天真地認為,自主的個人會融入一個互愛互助的生命共同體。他這種看法後來變成中國知識分子最嚮往的一種理想[122]。

一個有趣的現象是,劉師培及其無政府主義同志有時以「大同」這個傳統觀念來闡釋他們的烏托邦理想[123]。這讓我們聯想

---

120 《天義》,第6期,頁145-148。
121 《天義》,第11、12期,頁383-386。
122 同上。
123 例如劉師培就在他的《衡報》將無政府主義的理想社會稱為「大同」。

到康有為的烏托邦思想。不過劉與康的烏托邦主義有明顯的差異：一個是「硬性」的，另一個是「軟性」的。康有為相信「大同之世」會來臨，但卻在遙遠的未來，而無政府主義者相信烏托邦有可能立即降臨。康有為認為「大同」之世的出現，必須借助於超越個人的歷史力量，而無政府主義者卻認為，理想秩序的到來出於人類自覺的行動的創造，也就是社會革命。在康有為的理想中，世界共同體有著一個強有力的社會主義型的政府領導，而無政府主義者的未來藍圖則以克魯泡特金的無政府共產主義為基調，政府並不具備任何角色[124]。克氏的理想秩序是由自主小團體共同組成的鬆散聯治組織[125]。儘管這兩種烏托邦主義存在上述差異，我們仍不當忽視其共通性。它們都冀盼一種世界共同體，其中既體現平等與獨立自主，卻又相當弔詭地表現出無私的道德團結。二者都認為無私團結與人自主完全可以相容，不會衝突。這種想法長期存在於二十世紀中國知識階層，成為他們世界觀的一個主要特徵。

對中國無政府主義者來說，「公理」就是以克魯泡特金為首的西方無政府主義者所揭示的啟蒙道德理想。此外，「公理」不只是主觀的道德價值，也是以科學為基礎的客觀真理。就這一點而言，克魯泡特金對中國無政府主義有著決定性的思想影響。

（續）

　　吳稚暉也以相同詞彙描述他的無政府主義秩序。見劉師培，〈衡報發刊詞〉，收入於《劉師培全集》（北京：中共中央黨校出版社，1997），頁495。

124 《天義》，第3期，頁24-36。

125 同上，頁24-36。

劉師培對克氏思想的闡釋可以說明這點。劉師培認爲,克氏的無政府主義是一種非常科學的理論。他指出,克氏除了讚賞啓蒙的理想,同時也熱情接受達爾文的進化論[126]。可是,這位俄國無政府主義者並不接受赫胥黎版本的達爾文主義,因爲赫胥黎認爲進化源自競爭〔的機制〕[127]。與赫氏相反,克氏認爲進化起於合群與互助,這可以從動物或部落社會的行爲得到證實[128]。

　劉師培又認爲,克氏的無政府主義觀點具有科學性,不只因爲它以經驗研究爲基礎,同時也因爲克氏本人具備自然科學知識。克氏認爲,無政府主義最重要的信念是:人是自主的個體,因此社會必須建立在人與人的自願合作,而不是依賴政府的強迫配合[129]。他這信念不只出於他個人的想法,更是從自然科學的真理推論而成[130]。

　天文學可以說明這個道理。克氏指出,古代天文學認爲地球是宇宙的中心,到了中世紀,地球中心論被太陽中心論取代,而現代天文學則認爲,無垠無涯的宇宙係由無數星河組成,並無所謂中心[131]。克氏進一步說,現代物理學也有相同結論:原子小宇宙一如大宇宙,並無所謂中心的存在。每粒原子都會與其他原子碰撞互動,可知原子運動並非受外部壓力所致。每粒

---

126 《天義》,第11、12期,頁383-386。
127 同上,頁384-385。
128 同上;第3期,頁43-46。
129 《天義》,第11、12期,頁386。
130 同上,頁386-388。
131 同上,頁386-387。

原子的運動總是依照自己的律則進行[132]。同樣的，現代生物學也不相信人的靈魂有個中心，反而認爲身體是由各個細胞自發協調合作組成的複合體[133]。劉師培說，克魯泡特金從科學理論的發展得出結論：人類世界必須按自然規律組織。因此，每個個體應當保有自由，而彼此又當如自然界的現象所示，自發地協調合作[134]。

科學主義在克魯泡特金的無政府主義中占據相當分量，而科學主義又讓無政府主義的理想在中國信徒眼中增添一些光環。劉師培就說，克魯泡特金之所以能在無政府主義者中出類拔萃，是因爲他以科學證明自己的觀點。劉師培表示，這不是他的一己之見，而是中國無政府主義的普遍看法。其實，無政府主義者能在中國成爲提倡科學主義的先驅，主要也是受克魯泡特金的影響[135]。就科學主義這個面向來說，吳稚暉是中國最熱心又最具影響力的無政府主義者[136]。

吳稚暉(1865-1953)常以「大同」這個傳統觀念表述「無私」、「博愛」的理想，並期待理想秩序的出現能具體展現這些精神[137]。他強調，必須透過革命與教育才能建立起理想秩序。他所謂的教育，基本上是指科學教育。他在1908年所寫的一封信中說道：

---

132 《天義》，第11、12期，頁386-387。

133 同上，頁386-388。

134 同上，頁388。

135 同上，頁383-385；第3期，頁43-44。

136 D. W. Y. Kwok, *Scientism in Chinese Thought 1900-1950* (New Haven: Yale University Press, 1965), 33-58.

137 《吳稚暉先生全集》，卷1〈哲理〉，頁142-145、168-172。

「值得稱之爲教育者，只有物理、化學、機械、電機教育[138]。」吳稚暉爲何如此重視科學教育？一部分原因在於他相信，道德是科學知識的結果。我們在討論胡適的章節中已提到，吳稚暉對科學知識充滿無比信心，認爲它是人類道德進化的動力所在[139]。此外，吳稚暉之所以崇拜科學，也因爲科學是科技的基礎；唯有當科技征服自然、改善物質環境之後，「大同」世界才會降臨。吳稚暉提出「科學萬能」這句廣爲人知的口號，來表達他的科學烏托邦理想，並終生致力於科學的普及[140]。

（四）五四激進派——李大釗

一直到1910年代下半葉，「硬性」烏托邦主義，始終局限於一小群激進知識分子的圈子裡。五四運動期間，共產主義運動的興起加速了這種烏托邦主義在中國知識階層的傳布。我們可以從中國共產黨創始人之一的李大釗（1889-1927）的思想，大約看到此「硬性」烏托邦主義所含有的目的論史觀。李是五四運動期間最早回應1917年布爾什維克革命的知識界領袖，他也因而接受了共產主義。他感受到俄國革命帶來了新的時代，此一時代意識正是他對俄國共產革命的主要觀感。李大釗認爲，世界將進入「新紀元」，而俄國革命正是將世界帶入二十世紀的主要動力，一如1789年的法國革命將世界帶入了十九世紀一

---

138 《吳稚暉先生全集》，卷10〈國是與黨務〉，頁1235。

139 同上，頁1235。

140 《吳稚暉先生全集》，卷1〈哲理〉：1-95；卷4〈科學與工藝〉：頁1-305、418-421。

般[141]。值得注意的是,他以聖經的洪水故事比喻革命。洪水譬喻背後所隱藏的意涵是,俄國及法國革命都是新時代降臨前所必需的巨大暴力與破壞。因此,李大釗的時代意識不只是期待新時代的即將降臨,同時也認爲革命具有基督教救世的意義,使人得以躍進光明的未來。

李大釗的時代意識,反映了一種目的論史觀。可以想見,他的目的論主要得自西方的進步史觀。1923年,李大釗發表了一篇討論社會主義烏托邦起源及其歷史意識的文章,特別稱述孔多塞、聖西門、孔德等人的思想,並由此追溯到歐洲的啓蒙運動[142]。李大釗從這一線索看去,認爲馬克思的史觀是這個傳承的進一步發展。李大釗在文章中表示,他如此評斷的原因在於馬克思的思想使人更確定社會主義烏托邦的來臨。前人的社會主義史觀強調,理想秩序的到來必須仰賴人的理性。但馬克思根據他對歷史規律的研究,預言了降臨的必然性[143]。馬克思不只冀望烏托邦的來臨,而且知道它必然會來[144]。

不過,這只是李大釗擁抱馬克思史觀的原因之一。比較完備的解釋是,李大釗不只在馬克思主義中發現有關社會主義烏托邦的歷史必然性,還發現了馬克思主義也孕育了「當下時代的臨盆感」(a sense of pregnant present),這與他本人的時代意識

---

141 〈新紀元〉,收於《李大釗選集》(北京:人民出版社,1959),頁119-121。

142 《李大釗選集》,頁464-475。

143 同上,頁464-465。

144 同上。

特別相契。馬克思說,人類已走到歷史的關鍵時刻,革命已蓄
勢待發[145]。一方面來說,革命順著歷史前進的動力,即將引進
「新紀元」。從另一方面來看,人可以透過意志與努力,加速
革命的到來。李大釗及其同道發現,只有在馬克思主義中才能
找到既有確定感又有參與感的烏托邦思想[146]。

雖然馬克思主義史觀相當重要,但它畢竟不是構成李大釗
時代意識的唯一因素。中國傳統中的一些目的論時間觀,同樣
培育了李的時代意識。在他初識馬克思主義之時,他的世界觀
便已帶有不斷更生的觀念,這與中國目的論時間觀有關[147]。無
盡更生的時間觀認為宇宙是無限的過程,既無開始亦無結束。
此一永恆的時間之流是生老病死的無限循環。李大釗有時甚至
用佛教的「輪迴」概念來表達這一永恆的時間之流[148]。可是,
李大釗的觀點與佛家對輪迴的原始定義不同。他並不認為時間
的永恆循環有負面意義,以為宇宙就是愁慘不斷地往復循環於
生、死與再生之間。相反的,李大釗的時間觀與儒家甚為接近。
儒家對時間流變的思考常出現樂觀的宇宙感(cosmic
optimism)。儒家與佛教的確都同意時間的循環往復,不過,儒
家思想的宇宙循環觀並不是像西塞佛斯(Sisyphus)推石頭一般
的無盡而單純的重複,而是「生生不已」的生命動力。因此,

---

145 《李大釗選集》,頁64、93-96、112-118、119-121、177-186。
146 同上,頁93-96、177-186。
147 Maurice Meisner, *Li Ta-chao and the Origins of Chinese Marxism*
　　(Cambridge, Mass.: Harvard Universtiy Press, 1967), 21, 25-28.
148 《李大釗選集》,頁65-68。

宇宙生命將會經歷無盡的自我更生。李大釗尤其受儒家這種宇宙樂觀主義的激勵[149]。由於李大釗的儒家思想背景，使他視宇宙的時間之流為生生不已的過程。所以他說，宇宙之運行如「無盡之青春」[150]。

除了宇宙內含的新生動力外，人類固有的能動本性也支撐著這種生生不已的過程。李大釗此處的見解，顯然來自儒家的「天人合一」思想。李在一篇文章中說道：「我即宇宙，宇宙即我」[151]。宇宙與自我的連結，一方面使自我得以實踐其道德意志，另一方面也讓宇宙蓄儲其道德能量。因此，儘管宇宙會在衰老階段頹墜不振，但衰老的過程可能被逆轉，並導入復甦之路[152]。李大釗從儒家的樂觀主義得到這樣一個信念：集體或個人都能獲得新生，並且能透過人的意志與努力加速它的實現。

從上可知，李大釗的時代意識既受西方又受中國傳統史觀的影響。可是，五四時期也出現另一種同受西方與中國史觀影響的時代意識，它的表現方式極富戲劇性。年輕的郭沫若(1892-1978)是五四的名作家。他在1921年發表長詩〈鳳凰涅槃〉，收錄於詩集《女神》之中[153]。這首由三幕場景組成的長詩，迅即受當時中國知識分子的注意。詩的開首描寫一對鳳凰在除夕之夜盤旋於火炬之上，準備自焚。這兩隻鳳凰在凌空飛

---

149 《李大釗選集》，頁67。
150 同上，頁67、95-96。
151 同上，頁75-76。
152 郭沫若，《女神》(香港：三聯書店，1958)，頁38-58。
153 同上，頁38-58。

繞時,唱出淒哀怨曲,對那些桎梏在這殘酷陰森世界裡的麻木、悲慘生命發出怨懟與哀恨。第二幕描寫這對鳳凰在火炬中自焚成灰,將腐敗的舊世界一併帶入死亡。詩的末段描寫兩隻鳳凰從灰燼中重生。隨著鳳凰的重生,涅槃出現,地球獲得新生[154]。

郭沫若這首詩是一則寓言,目的在傳達他的理想。郭認為革命是摧毀舊秩序的必要手段,也是理想新秩序的催生婆。郭沫若將這復活再生的場景擺在除夕之夜,具有特殊意義[155]。一如其他地方,中國的除夕代表舊時間的終結,新時間的開始。所以,郭沫若的詩與李大釗的文章一樣,都孕育了時代的臨盆意識。

郭沫若的時代意識的核心在於生與死的辯證關係:生命種籽只存於死亡之中[156]。這首詩附有一篇短序。郭在序中說,此詩取材於近東的鳳凰神話[157]。即使詩中的鳳凰寓言取於域外,但其中強調的生死辯證觀念,並非中國文化傳統所無,因為儒佛兩家思想可以提供許多例證。

不過,郭沫若對鳳凰神話還做了一個重要的更動。在原來的神話中,自焚前的鳳凰已活了500年,在劫火重生後又活了500年。因此原來的神話隱含了循環的歷史觀。但郭在短序中剔除了此一循環史觀。他斬釘截鐵宣稱,鳳凰重生後永不再死[158],因而把原來的

---

154 郭沫若,《女神》,頁38。
155 同上。
156 同上。
157 同上。
158 同上,頁38-58。

寓言修改爲隱含線性發展史觀的末世神話（eschatological myth）。

郭沫若對時間概念的更動並非偶然。他當時受馬克思主義影響，很可能按馬克思的歷史終極史觀改寫這個關於再生的東方神話[159]。結果，西方與本土傳統共同鑄造了當時的時代意識。

郭沫若的時代意識雖然以理想秩序爲重心，但他是用朦朧的詩的語言去表現此一理想。若想要掌握五四激進分子的烏托邦理想的主要特色，我們就不得不回到李大釗的作品中去尋找。從李對俄國及法國大革命的比較中，我們可以發現其中一項特徵。在法國大革命主導的時代裡，民族主義是當時的秩序原則；在俄國革命主導的時代中，世界主義與人道主義將盛行於世[160]。這個新時代的到來，將是他的「大同世界」的序幕[161]。

李大釗所預想的未來世界，其體制將是民主制度[162]。他不曾爲民主制度下過清晰定義，不過可以看出無政府主義的影響。他的民主觀的一個特徵是其民粹意識[163]。他跟無政府主義者一樣，不信任代議政府。他反對議會政治，認爲它只是爲中產階段的利益而設。相反，他設想的政府是爲所有人民的利益服務。由於這個原因，李大釗很自覺的將民主（democracy）譯爲「平民主義」，特別強調人民大眾的政治角色，從而突顯民主

---

159 《李大釗選集》，頁102。

160 同上，頁130-134、303-304。

161 同上。

162 同上，頁395-400、407-427。

163 同上。

政體中的民粹特質 [164]。

　　從普魯東、巴枯寧到克魯泡特金的無政府式共產主義有一個共同特色，就是認為聯邦主義是無政府政治秩序的基本組織結構。李大釗對這個觀點特別感到興趣，認為這是全球共同實行民粹式的民主制度的唯一可行方法 [165]。

　　可是我們更需注意的是，李大釗民主思想背後的無政府主義因素。在一篇論民主制度展望的長文中，李大釗一開頭就熱烈地構想一幅世界大解放的圖像，相信那是現代最主要的潮流。「現代的文明是解放的文明。人民對國家要求解放，地方對中央要求解放，殖民地對殖民帝國要求解放，弱小民族向強大民族要求解放，農民向地主要求解放，工人向資本家要求解放，女子對男子要求解放，子弟對親長要求解放。所有現代政治或社會運動，都是解放的運動 [166]！」

　　但這文章的重點在籲請讀者注意他所謂「解放的精神」的兩重特質 [167]。他一再強調，解放運動從來不只是為了解放而解放，解放的目的在於建立全新的生命共同體。是故，對李大釗而言，表面上看似單純合一的人類大解放，骨子裡其實包含兩種運動：「一方面追求自我與社會的個體解放，另一方面提倡世界的合作。」這裡所謂的合作，也就是克魯泡特金的互助理想 [168]。

---

164 《李大釗選集》，頁130-134、395-400、407-427。
165 同上，頁130。
166 同上。
167 同上，頁131。
168 同上，頁221。

　　李大釗認爲，這兩類運動表面看似相對立，其實是相輔相成。李大釗甚至認爲兩者互補最終使它們合歸於一，共同通向一個「互助」的社會[169]。

　　對個人解放的讚歌，最終成了對團結合作的呼籲。正如李大釗所說，畢竟合作才是社會主義理想秩序的基礎。「〔社會主義的〕基礎是和諧、友誼、互助、博愛的精神。就是把家族的精神推及於四海，推及於人類全體生活的精神[170]。」我們從李大釗的理想不只見到克魯泡特金無政府主義式的共產主義，也見到以「天下一家」觀念所概括的世界共同體的儒家理想。

三、結　論

　　在此文我追溯中國「轉型時代」的「硬性」與「軟性」兩類烏托邦的思想。我認爲它們都在回應二十世紀中國面臨的雙重危機。這兩派都將烏托邦主義等同於儒家的「大同」（great community）理想。儒家樂觀主義的核心信念，是相信人與社會在道德上有臻於至善的可能性。儒家之所以有此信念，在於相信人能完全彰顯本性中的神性。因此，儒家樂觀主義具有把人神化的傾向。

　　在轉型時代，過分的樂觀主義伴隨著現代西方的倫理價值進入中國，並強化了儒學的樂觀主義。過分的樂觀主義既帶有浮士

169　《李大釗選集》，頁222。
170　同上。

德—普羅米修士的精神蘄向，也有靈知論對世界的憧憬，它們也助長了當時把人神化的思潮。史華慈（Benjamin Schwartz）曾指出，中國在追求富強時展現了浮士德—普羅米修士的精神。根據本文的論證，我們發現中國的浮士德—普羅米修士精神也可以進入中國知識分子追求「大同」的烏托邦理想[171]。

科學主義是浮士德—普羅米修士精神以及靈知論者對世界憧憬的一個共同焦點。可是科學主義常常與民主政治聯繫在一起，而民主思想又是中國烏托邦理想的一個重要燃煤。民主在中國烏托邦理想中常常代表道德秩序，具有兩種功能：其一，將個人從代表思想與體制桎梏的既有社會政治秩序中解放出來；其二，塑造無私無我的人類共同體。這兩種功能弔詭地結合在一起。民主同時兼具上述兩種功能，但在中國的烏托邦理想裡卻更強調後者，依此，自主的個體有趨勢爲無私的世界共同體（universal gemeinschaft）所淹沒（merge）。

由儒家及西方入世樂觀主義共同哺育的中國轉型時代的烏托邦主義，常環繞科學主義與民主的理想化而展開。這種烏托邦的思維模式繼續引起五四以後的知識分子的共鳴。我們不單在各種「軟性」的烏托邦主義思想中看到這種思維模式，特別在中國共產主義的硬性烏托邦主義裡引起了強烈的迴響。毛澤東主義，尤其是到了晚期，展現了極爲濃厚的烏托邦色彩。這不得不令人回想起轉型時代的烏托邦思

---

171 Benjamin Schwartz, *In Search of Wealth and Power: Yen Fu and the West* （Cambridge, Mass.: Harvard University Press, 1964）, 237-239.

想的湧現[172]。是故，研究轉型時代烏托邦主義興起的過程，就是探討中國現代思想極為重要一面的根源。

172 中研出版事業公司編，《知識分子評晚年毛澤東》（九龍：中研出版事業公司，1989），頁32-120。

中國近百年來的革命思想道路

引子

今天在這個世紀交替之際，海峽兩岸是一片改革的聲音，我們很容易忘記這種聲音是近二十年才響亮起來的。在這以前，改革的聲音是很微弱的。長時期籠罩著中國的是革命的聲音，今天回顧二十世紀的歷史發展，誰也不能否認中國人在這世紀的大部分時間，是花在所謂的「革命的道路」上。同時，誰也不能否認這是一條極具悲劇性的道路。中國人，特別是知識分子，是如何走上這條革命的思想道路，而沒有走上改革的道路？這就是我今天要討論的問題。

在進入正題以前，我想先對革命這個現象做一個簡單而基本的說明。大約說來，近代世界的革命有兩種：一種可稱之為「小革命」或「政治革命」，它是指以暴力推翻或奪取現有政

權,而達到轉變現存的政治秩序為目的的革命,最顯著的例子是1776年的美國革命和1911年中國辛亥革命;另一種是所謂的「大革命」或「社會革命」,它不但要以暴力改變現存政治秩序,而且要以政治的力量很迅速地改變現存的社會與文化秩序,最顯著的例子是1789年的法國大革命與1917年的俄國革命,中國共產主義革命也屬此類。我今天要談的「革命道路」主要是指這共產主義大革命的思想道路。

歷史的回顧

從今天回頭看,這條革命的思想道路是極漫長的。大致說來,它的起點可以推到整整一百年以前,1895年前後,也就是我所謂的轉型時代初期(1895至1920年代初)。在這以前,中國自從十九世紀中葉對外開放以後,只有改革與保守的論爭。1895年以後,改革的陣營逐漸分化為改革和革命兩股思潮,也因此展開了百年來革命與改革的論戰。在這場論爭的過程中,革命派很快取得了壓倒性的優勢。在本世紀初年,中國思想開始出現革命崇拜的現象,最好的例子就是鄒容的「革命軍」。隨著革命的聲浪日漸擴大,革命崇拜日漸散布開來,中國思想界出現了激化的現象,到了五四後期,1920年初,這激化已經相當普遍,終而形成中國文化界、思想界在1920年代至1940年代間大規模的左轉,而革命崇拜也逐漸激化成為一種革命宗教,像燎原的野火在當時吞捲著中國,幾乎把改革的聲音完全淹蓋掉。因此這條革命道路有著長達半個世紀的發展。而形成這條

道路的關鍵是轉型時代（1895年至1920年）出現的激化現象。我現在準備花一些時間討論這激化的現象，讓我先說明一下激化的原因。

激化與革命崇拜

大約說來，思想激化的形成有好幾層原因：首先，就思想層面而言，一個重要的原因是1895年以後所謂的西學開始大規模的輸入。現代重要的意識形態，如民族主義、社會達爾文主義、自由主義，以及無政府主義、社會主義等等，多半在轉型時期進入中國而大量的散布，這自然是刺激思想激化的一個原因。但要瞭解激化，僅看思想層面的原因是不夠的，我們必須也要考慮一些非思想層面的原因。大約而言，非思想層面的原因有三種，最顯著的當然是當時的空前政治危機。這危機是雙重的，一方面帝國主義的侵略在1895年以後由慢性的蠶食剝削，突然升高到領土的掠奪，而且步步進逼，造成當時國家有被瓜分的恐慌，同時國內的政局也急轉直下，傳統政治秩序陷入分崩瓦解。在這內憂外患雙重危機的交迫之下，任何局部與漸進的政治改造，都是捉襟見肘，很難成功的。而中國近現代的實際政治發展也清楚地顯示：政治改造從自強運動，到維新運動到辛亥革命，以及後來國民黨的「國民革命」，都是一次又一次的失敗。這些政治改造，每失敗一次就不可避免地使人對現狀更為不滿，使人覺得需要對現狀做進一步更徹底的改造。思想的激化，可以說是政治的雙重危機，和一連串現實政

治改造失敗，一步一步逼出來的。另外一層原因也與當時的中國所面臨的危機性質很有關係。方才我提到中國的政治危機在當時有著空前的升高，同時它的文化秩序的基礎也在西方文化的衝擊之下逐漸瓦解，形成我所謂的文化取向危機。政治危機與文化危機兩者同時出現，二者之間的互動，也是促成激化的一個因素。現在讓我進一步說明兩者之間的互動關係。

前面我特別指出中國在1895年以後，由於空前的內憂外患所造成的傳統政治與社會秩序瓦解。這瓦解的過程，自然在中國人生活上造成極大的震盪不安。焦慮和恐懼、羞辱與憤怒，各種激情與感憤紛至沓來，充斥當時人的思想世界。而同時由於文化基本秩序的崩潰，傳統的世界觀與價值規範都已動搖而失去舊有的文化功能，無法把當時政治與社會危機所引發的各種激情和感觸加以繩範、疏導與化解。因此政治與文化兩種危機交織互動的結果，是各種激情和感憤變得脫序、游離而氾濫，非常容易把當時人對各種問題與大小危機的回應，弄得情緒化、極端化。這種趨勢自然也是助長激化的一個因素。

最後要認識中國現代思想激化也需考慮到現代知識分子的政治與社會困境，這是現代思想激化的第三個因素。大體而言，中國共產主義革命是由兩種社會力量推動的：知識分子與農民。在這兩者之間，知識分子毫無疑問是主導力量。而現代知識分子，由於他們的政治與社會困境，也時有一些思想激化的傾向。什麼是他們的政治社會困境？要認識這個困境，我們需把他們的政治社會地位與他們的前身——傳統士紳階層做一個比較。大家知道，中國現代知識階層出現大約是1895年以後的

轉型時代，他們主要是從士紳階層分化出來的。中國傳統士紳階層是造成社會政治的一個基本穩定力量，這其間的樞紐就是傳統考試制度。透過這個制度的媒介，他們上可以晉身中央權力結構，下以鄉紳的地位進入地方權力結構，因此他們的政治社會立場常常是保守的，是支持現存政治社會秩序的。但1905年以後，也就是轉型時代初期，考試制度被廢除了，誠如余英時先生指出，現代知識分子參加中央與地方權力結構的管道也因此被切除了，他們的政治社會地位被邊緣化了。同時我要進一步指出，知識分子的文化地位與影響力並未因此而降落，反而有升高的趨勢，這主要是因為透過轉型時代出現的新型學校、報刊雜誌以及各種自由結社所形成的學會和社團，他們在文化思想上的地位和影響力，較之傳統士紳階級可以說是有過之而無不及。因此形成一種困境：一方面他們仍然擁有文化思想的影響力，另一方面他們失去以前擁有的政治社會地位與影響力。這種不平衡，自然造成一種失落感，無形中促使他們對現存政治社會秩序時有憤激不平的感覺，也因而無形中促使他們的思想激化。所以中國知識分子走上思想激化的道路，是由文化思想層面上與政治社會層面上好幾種因素結合起來促成的。

激化與歷史的理想主義心態

現在讓我們看看這激化的過程。這激化的起點就是轉型時代初期出現的思想氣氛或心態，我們稱之為歷史的理想主義。

它認為歷史是朝向一個光明美好的未來發展。在這發展的過程中，當前的時代是一個基本的轉捩點，而人的精神和思想就是這發展的基本動力。現在對這歷史的理想主義心態做進一步的說明。它的最大特色是擺脫了傳統的循環史觀而接受了主要來自西方的單向直線發展史觀，認為歷史是由過去通向理想的未來做有目的性的發展。在這發展中，當前的時代是一個歷史性轉變的關頭。因此在這發展史觀的核心有一份強烈的時代感，這份時代感的最大特色，是它充滿了一種特殊的危機意識。這特殊的危機意識有兩種成分：一個是1895年以後由空前國難所帶來的強烈危亡感。重要的是，這份危亡感是與一份新的契機感相並而來。人們意識到在面對危亡的同時，中國也進入一個空前未有的變局，與機運無窮的新時代。這份新的契機感是傳統與西方思想影響的合產品。來自傳統是契機感的兩個基本成分，一個是儒家道德理想主義帶來的生命與世界的二重觀——理想世界與現實世界的對照。一個是由傳統宗教帶來對生命與死亡的一種辯證循環觀念；生命終於死亡，但死亡也轉為復活與再生，特別是精神生命。重要的是，這契機感的兩個傳統成分被它來自西方的成分——演進的歷史觀——所吸收，化為空前的樂觀的前瞻意識。不但使中國人覺得眼前的危難孕育著復活與新生的契機，而這復活與新生也是通向未來的理想世界的契機。因此，新的契機感不再淪於傳統的生死循環的觀念窠臼。

基於上面的分析，我們可以看到當時的新時代感，有著一個理想主義的三段架構：一方面是對當前現實狀況的悲觀，另一方面是對未來理想社會的樂觀期待；二者之間是由悲觀的現

實通向理想的未來途徑，這就是我所謂的歷史理想主義心態。在這種心態籠罩之下，當時知識分子的關懷自然集中在如何由悲觀的現實走向理想的未來。這個途徑的問題就是中國現代改革與革命之論爭的起始點。

我方才指出，在這場論爭中，革命的觀念很快就取得了優勢。到了五四後期，革命崇拜的現象已經很普遍，這主要是因為我所謂的激化趨勢的出現。這激化把歷史的理想主義心態轉化為激進的理想主義心態。五四以後的「革命思潮」就是這種激進理想主義心態激發起來的。因此要瞭解革命對當時人的意義，我們必須瞭解激進理想主義所代表的思想。

激化與激進的理想主義

首先需要指出的是，在這激進的理想主義的核心是一種兩極心態。這心態是我方才提到的時代感所含有的危機意識經過激化、凝聚而成的。它認為當前的時代是中國乃至人類命運的轉捩點，而當前世界的基本局勢是由雙重的兩極對立形成的。一種是縱式的對立，指現實的黑暗與未來的光明是一無法透過緩進過渡的對立與鴻溝，只有以斷然的急進和暴烈行動才能飛跨這鴻溝。同時，當前時代的基本形勢也呈現一種橫式的兩極對立，那就是現今世界由兩種勢力對峙而引發的生死鬥爭：一方面是愛好和平、代表進步的民主思想，一方面是內而殘民、外而侵略的軍國主義；一方面是壓迫的統治階級，另一方面是被壓迫的勞苦大眾；一方面是侵略成性的帝國主義，另一方面

是被侵略的弱小民族；一言以蔽之，用當時的話，就是強權與公理的對立與鬥爭。鬥爭的結果必然是公理戰勝強權，從而掃除現實世界的黑暗，使人類躍向光明。因此，縱式的兩極對立是與橫式兩極對立緊緊的銜接在一起。這種世界觀，我們稱之為兩極心態。它攜帶著強烈的情感，從五四時代開始，在中國的思想空氣裡激盪散布。

重要的是，我們不能孤立地去看這兩極心態，環繞著它的還有一些別的思想。在這裡，我要特別強調兩組思想，這兩組思想來自歷史的理想主義當中的兩個基本成分：群體意識和個人的自我觀念。它們經過激化以後，產生一些觀念，常常以兩極心態為核心，在五四以後的思想空氣裡迴旋擴散，形成那時代所謂的「革命思潮」。因此要瞭解當時日益高漲的革命思潮與這思潮後面的激進理想主義心態，我們必須對這兩組激化的思想做一些根本的說明。

群體意識的激化

1895年以後，「群」這個觀念突然在中國士大夫圈中開始變得很重要，它代表當時的人意識到中國在未來需要一新的政治社會組織和秩序。值得注意的是，這個群體意識從開始就有一激化的趨勢，大約表現在下面兩種思想發展：

(一)前瞻意識中的未來政治社會秩序是兩層的。

1. 民族主義：最顯著的一層當然是由民族主義所投射的國家富強觀念。民族主義在中國近現代是以兩種形式出現的，一

種是激進的,一種是保守的。在轉型時代,民族主義常常以激進的形式出現。所謂激進形式是認為:為了民族的生存、國家的富強,中國應該不計代價地去改變現存的政治社會秩序與文化傳統。這自然是刺激思想激化的一個極重要的因素。

2. 烏托邦主義:不可忘記的是中國知識分子矚目未來,不僅期盼民族主義,他們時而也期盼一個大同社會,一個烏托邦式的理想社會。這是歷史學者常常忽略的一面,但卻是很重要的一面,其重要性不下於民族主義。不論是轉型時代初期的改革思想與革命思想,或者五四時代的思想,都有這一面。

大約而言,這時代的烏托邦思想可分為兩類:積極型和消極型。消極型的烏托邦主義相信烏托邦理想是隨著歷史的演進逐漸實現,有烏托邦信仰的人自己並不能立刻積極地去推動,促成其盡快實現(例如康有為、胡適)。積極型的烏托邦主義相信有這種信仰的人應該以積極的行動去推動歷史,盡快地促成其實現,而不該消極地靜候歷史,遵循其固有的次序節奏,做緩慢的演進(例如鄒容與李大釗)。

重要的是,在轉型時代,由初期至末期,積極型的烏托邦思想日趨重要。在辛亥革命前,這些思想尚只限於少數激進分子(如無政府主義)。五四時代開始進入知識階層的主流,有著廣泛的影響。李大釗的思想最能代表這種積極型的烏托邦思想,他認為世界在當時進入一個「新紀元」,他說:「1914年以來,世界大戰的血,1917年俄國革命的血,1918年德奧革命的血,好比做一場大洪水——諾亞以後最大的洪水——洗來洗去,洗出一個新紀元來。這個新紀元帶來新生活、新文化、新

世界，和1914年以前的生活、文明世界大不相同，彷彿隔幾個世紀一樣。」在這種氣氛之下，他和當時許多青年知識分子從事各種結社組織，團體運動如新村運動、工讀互助團等。他們的信念可以惲代英爲代表，他強調在當時努力推動社會改革的重要，他說：「從根本上用功，則黃金世界彈指可現矣。」這就是他所謂的「未來之夢」。這個夢也就是「大同之夢」。這種積極型的「大同之夢」自然也是對當時思想激化的一個重要推動力。

(二)中國知識分子心目中的未來理想社會，不論是民族國家或者是烏托邦的大同社會，都常常是以民主爲內涵，而民主這個觀念在1895年以後的轉型時代也有激化的趨勢，反映在民主觀念發展的兩方面。首先，在轉型時代有一種越來越強烈的感覺：認爲民主不但是中國未來政治社會的遠景和發展趨勢，而且也是當前時代橫掃世界不可抗拒的浪潮。在這種情形之下，中國只有一條路可以走，就是立刻投入這浪潮，接受民主的洗禮。從轉型時代初期的譚嗣同、鄒容、陳天華到五四時代的新潮雜誌，這種對民主迫不及待的熱望越來越強烈，很能表現那時代思想的激化。但這激化不但表現於人們對民主發展的急切期待，也表現於人們對民主觀念內涵的認識。當時人的民主觀念是什麼？讓我在討論這個問題以前，先簡單說明一下西方近現代對民主的基本觀念。大約而言，這基本觀念可以分爲兩型。一種是「共和主義(republicanism)的民主觀」，它是以古代希臘、羅馬的城邦政治爲典型而突顯的一個理念，那就是以人們參政爲民主的主要涵義，並強調人之所以爲人的德性——公

德只有透過政治參與才能實現。另一種是「自由主義的民主觀」（liberal democracy），它是以個人主義與天賦人權的觀念為前提，而特別強調西方自由主義的一個重要觀念，那就是民主的主要目的是保護個人與社團的具體權益，以免於政府及其他人的侵犯與壓制。這裡我要指出的是，從轉型時代開始，中國知識分子對民主的認識是偏重於共和主義。

重要的是，轉型時代的共和主義在發展的過程中，出現兩種趨勢。一是直接民主的觀念，認為民主就是主權在民，主權在民的落實表現於人民參政，而人民參政最好的方式是不假借人民的代表，不透過代議政體而由人民直接投入政治，參與選舉、立法與政治決策。這種直接民主觀在轉型時代後期逐漸流行，主要是因為辛亥革命以後所建立的民主代議制，由於當時軍閥政客的糟蹋，信譽破產（當時的議員有「豬仔議員」之稱，可見一斑），一般人不信任民主代議制，欲跳越代議制度而實行直接民主。孫中山先生在三民主義中談的直接民主就反映了這個趨勢。其實當時不只是他有這個觀念，就是五四的知識分子，如李大釗、陳獨秀也很有這方面的傾向。

共和主義的另外一個趨勢就是強調民主的精神以別於民主的形式和制度，認為民主能否實現，主要靠人民的精神而不在於外在的形式與制度。中國知識分子從接受民主開始，就常常認為民主主要是人心中的理想與認識，制度只是這些觀念的表現形式。在轉型時代後期，也就是民國初年以後，這種民主觀念日益增強，主要的背景也是當時人對民國初年的共和政體不滿，認為它徒具外在的形式，而無實質的功能。民主制度和議

會、政黨、選舉僅是軍閥政客玩弄政治的工具,虛有其表。因此當時有不少擁護民主的人,唱出民主的實質是精神而非制度的論調。他們強調民主實現主要靠人民的意志和精神,必須人民經過一番精神的自覺和覺悟,把人民在政治上當家作主的意志與決心表現出來才是民主。

總之,轉型時代後期大家對民主共和的認識有兩種趨勢:強調直接民主與強調民主實質在於精神而不在於制度。這兩種趨勢在五四前後匯合起來形成當時一個極為流行的民主觀念——全民政治的理想或全民主義(populism)。所謂全民主義,簡單的說就是以直接民主去表現全體人民的意志與發揮人民的精神,從而實現主權在民的理想。這是一種浪漫型的民主思想,同時也是很危險的民主思想。因為浪漫型的全民主義很容易變成先知型的全民主義。這是當時中國革命思潮中很重要的一環,值得在此稍做深入的討論。

按照全民主義的構想,民主就是全體人民意志與精神的表現,但是人民的總體意志(也就是西方思想家盧騷所謂的general will),在任何社會裡都是一個很空泛而難以捉摸的東西,因為人民不可避免地分成許多不同的階級和社群,各有不同的社會立場與利益觀點。如何找到他們的共同意志本來就是很難的事,何況在中國這樣一個國家裡,大多數人民沒有受過教育,文化水平很低,要在這樣廣大而複雜的人民群眾裡集合一個共同意志,更是難乎其難。中國現代接受民主觀念的知識分子也並非不知道這其中的困難,因此從轉型時代初年的梁啟超、嚴復到日後革命派的孫中山與陳天華乃至五四的陳獨秀,一方面

要宣揚西方的民主觀念，另一方面也深知人民的教育和文化水平落後，因此同時強調他們自己有梁啟超所謂的「先知覺後」的使命去教育人民，要提高他們所謂的「民智與民德」。這種「先知覺後」的使命感是一菁英領導的心態，是與他們的全民主義的理想相牴觸的，因此不可避免地形成一種思想困境。

面對這種困境，浪漫型的全民主義很容易發展為先知型的全民主義。因為要解決這個思想困境，一些知識分子很自然有這樣的想法：既然全體人民的總體意志與精神難以捉摸，只有以少數先知先覺的菁英理想做為他們的總體意志，認為他們的理想真正代表人民的利益和意志，代表總體的「大我」或「真我」而非各別的「小我」。即使人民一時不能了解與認同這些理想也沒有關係，甚至在必要時可以強迫他們接受這些理想。順著這個想法推下去，很自然達到以開明專制來領導人民的觀念，這就是先知型的全民主義，已離馬列主義的「民主集中」觀念很近了。從這條思想發展來看，全民主義式的民主觀，很顯然是群體意識激化的一大因素。

個人觀念的激化

與兩極心態相並而來的，不僅是一些激化的群體意識，同時也有一些激化的個人觀念。最能反映當時這方面激化思想的，是一種個人自覺的意識，所謂自覺意識是指轉型時代的一個很普遍的感覺：隨著新時代的來到，中國人不但應該有新的國家與社會，也應該有新的人格，一種現代「新人」與新時代

配合。從轉型時代初期的梁啓超提出「新民」觀念到五四時代的「新青年」觀念，都反映了當時時代感裡的個人自覺意識。

這份自覺意識大約包括兩個成分：一是由西方傳進來的自由觀念，由於這個觀念的散布，當時一般人都覺得，現代新人應該講自由，服膺自由的理念。但中國當時所認識的自由觀念，卻與西方的自由觀念頗有距離而呈現一些特徵。這些特徵中最突出，同時最反映激化趨勢的，是自由觀念被群體意識所滲透而時有集體主義的傾向。這種傾向表現於自由觀念的兩方面：一方面是當時人常常談的個人參政自由，你若追問個人參政自由的意義何在？答案多半是參政自由可以增加個人對國家的向心力，從而促進國家社會的富強。足見在個人參政的觀念後面，常常隱藏著一些集體主義的傾向。另外一方面是當時人重視的精神自由觀念，把個人自由跟人格獨立、自治、自尊、自任、自立這些觀念混為一談。這裡需要指出的是，在精神自由與這些相關的概念後面，常常是來自儒家傳統的雙層自我的觀念。用傳統的話說，就是「大我」、「小我」之分。用一位五四知識分子的話，就是「精神我」和「軀體我」之分。精神自由就是突顯精神我或大我的中心地位，與統御小我和軀體我的功能。而在中國人的思想裡，所謂精神我或者大我，就算與社會整體不是等同，至少也是緊密地銜結在一起；換言之，精神自由落實地講，常常就是群體應該放在第一位，而個人應該放在第二位的意思，這自然也是一種集體主義的傾向。因此，轉型時代的自由觀念常與我方才講的全民主義的直接民主觀念互相搭配，相輔相成，是把當時群體意識與個人自覺意識推向激化

的一大動力。

自覺意識除了自由這個思想成分之外，還包含一種極端的人本意識（radical anthropocentarism）。它是指人自視爲宇宙萬物的中心的觀念。這種人的自我意識是從傳統儒家思想吸收了人爲萬物之靈的「人極意識」，而拋棄了傳統人極意識後面的超越的天道觀念，同時也吸收了近代西方文化中的「浮普精神」。「所謂「浮普精神」（Faustian-Prometheanism）是指西方近代一種極端的人本意識，認爲人已取代神爲宇宙萬物之王，因此相信人性無限、人力無邊、人定勝天，人應該宰制萬物，征服宇宙。總之，極端的人本意識是中國傳統的「人極意識」與西方「浮普精神」的合產物，它主要表現爲兩種觀念：

（一）一種是志士精神，這是中國現代極有影響力的人格思想。不論是二十世紀初期的維新派與革命派，或者後來的國民黨與共產黨，志士都是世人所嚮往的人格典範。它的出發點是傳統儒家的道德理想主義所形成的使命感，認爲人是爲了實現崇高的道德思想而活的，必須把生命無條件地奉獻出來，透過政治去實現道德理想。因此志士作爲人格理想，含有一份道德絕對主義的精神，很類似威伯所謂的信念倫理（ethisc of conviction），認爲爲了實現道德信念，應該只問目的，不計後果與代價。

（二）另一種是戡世精神。認爲人有能力征服世界做萬物之主，這征服的對象不只是自然世界，同時也是指人文世界而言。因此戡世精神不僅意味征服自然，同時也意味改造社會世界，轉化人的生命，形成理想社會。總之，這份精神反映當時人對

人力有著無限的自信，相信發揮人力，可以無所不能、無所不知，因而應該取代傳統思想中神的地位。在這種戡世精神籠罩下，人已有自我神化的傾向。

總之，不論戡世精神或志士精神，都是反映人極端的自信，一個是反映對自己的能力和智力的自信，一個是反映對自己道德的自信，都是表現我所謂的極端的人本意識。而這份人本意識，與方才提到的自由觀念都是當時個人自覺的主要成分。就當時思想的激化而言，這種個人自覺的催化作用，不下於我方才討論的那些群體觀念。

總結我在這一節的討論，我認為歷史理想主義經過一番激化，形成一些個人自覺(如自由的觀念與極端的人本意識)與群體意識(如激進的民族主義、積極的烏托邦思想和全民主義式的民主觀)。這兩組思想，以兩極心態為核心，就是我所謂的激進理想主義，也就是五四後期所謂的「革命思潮」的主體。

激進理想主義與共產革命思潮

這裡要特別指出的是，這種革命思潮，以激進的理想主義心態為基礎，變成馬列主義在五四後期進入中國的踏腳石，也形成中國共產主義散布的思想媒介。重要的是，這激進理想主義不但為共產主義鋪路，而且進入共產主義的思想內層，特別是所謂的「毛澤東思想」，形成它的核心。也就是說，毛版的中國共產主義是以激進理想主義的心態為基礎去吸收馬列主義，因此在中國共產主義思想裡，凡是與激進理想主義心態接

近的馬列主義觀念，如階級鬥爭，革命實戰，演進史觀等，就被收入毛版的中共思想核心。凡是與這激進理想主義心態不接近的，就常常只有邊緣性的地位。

從這個觀點去看，我們不但可以了解到爲何共產主義革命思潮以五四的自由民主思想爲出發點，而最後卻接受馬列思想的權威主義與集體主義。我們也可以了解爲何這革命思潮會走上狂熱的烏托邦主義與個人的神化思想道路。這裡我要進一步指出，從這個觀點我們也可以認識爲何毛澤東的革命觀念，對三十年代到七十年代的人有這樣大的魅力和影響力。爲何這革命思潮能長期掀起高度的狂熱與激情。爲何中共的革命思潮在毛澤東思想的籠罩下，呈現強烈的宗教性。

「激進的理想主義」之所以能替我們對中共的革命思潮展開這樣一個新的視野，主要是因爲它讓我們從「內觀」的角度，深入地掌握毛澤東思想的基本結構。所謂內觀的角度是把自己設身處地放在毛澤東思想的信仰者和中共革命的參與者的地位，然後從他們的內部立場去認識這革命思潮的意義。一旦採取這樣一個內觀的角度，我們就會看到毛澤東思想與激進的理想主義一樣，也有一個三段結構。一方面是對現狀徹底不滿與全面的否定，另一方是面對未來有極度樂觀的前瞻意識，而當今的時代正是由黑暗的現狀，透過革命躍向理想的未來的關鍵時刻。

在這樣一個思想結構裡，革命的核心地位是很顯然的，因爲革命就是全面摧毀萬惡的舊世界的唯一工具，同時它也是躍向光明美好的未來世界的唯一途徑。這裡必須指出的是，革命

的觀念在毛的晚年更形重要，因為毛在五○年代後期，對1949年革命以後的所謂社會主義建設感到很不滿。他已深表懷疑：人是否能僅靠一次社會革命就能把中國一勞永逸的推向理想社會。因此他在大躍進與文革期間提出「不斷的革命」、「永遠的革命」這些觀念。他認為社會矛盾是不可能永遠消除的。基於此，一個根絕社會矛盾、十全十美的烏托邦社會幾乎是不可能的。人只有永遠靠著不斷地革命去不斷地克復社會矛盾與改造社會，因此人的終極命運不是停止在未來的一個理想社會，而是不斷地革命。也可說毛已經將人類的終極理想，由靜態的烏托邦轉變成動態的烏托邦。至此，革命不但是中國共產主義達到目的的手段和途徑，也是它的最後目的，所謂「毛澤東思想」已經完全籠罩在革命這個觀念下。

值得注意的是，在毛澤東思想裡，革命這個觀念含有極強的宗教性。共產主義和毛澤東思想毋寧已變成一種宗教——革命的宗教。我提出這個觀念並不是隨便作譬喻，而是認為這個觀念可以幫助我們看到毛澤東的革命思想從別的觀點看不到的一些基本特質。因為不論就世界高級宗教的結構或功能而言，毛的革命思想都符合宗教的特徵。首先就結構而言，高級宗教大約都有一個重要的特徵，那就是對生命做三段過程的構想：一方面是認識現實生命的沈淪，另一方面是看到一個理想境界（永生或來世）做為生命的最終歸宿，中間是超越現實生命而通向生命的終極歸宿的途徑。同時，任何宗教都不認為這構想只是他們主觀的冥想或願望，而是出自對生命的本質與宇宙的真實透視，因此它也是「天之經、地之義」的客觀真理。

　　以此爲借鏡，回頭看看共產主義的革命思想。如前所說，這思想一方面指出現實世界的沈淪和腐敗，另一方面指向一個燦爛的未來，而革命就是銜接兩者的途徑。同時，共產主義也不認爲它的革命思想僅是主觀的冥想或願望，而是符合世界的歷史潮流的。透過他們的歷史發展觀，共產主義的信仰者也與宗教信仰者一樣，認爲他們的革命思想是「天之經、地之義」，是符合客觀歷史發展的真理。

　　從這宗教基本結構，我們可以看到毛的革命思想能夠發揮宗教的兩種功能：一方面使人相信他可以從現實的「苦海」中獲救，同時這個信仰也可以使人從對生命的迷茫與困惑中化解出來。而中國現代社會的雙重危機在中國人的心中，正引發這獲救與化解的兩種強烈需要。首先是中國自1895年以後所面對的日益深重的政治社會危機，使得中國人亟需從民族的危亡與社會的沈淪中解救出來；再者，文化取向危機也使人亟需從思想與情感的迷惘、混亂與失落中化解出來。而馬列主義的革命觀與它後面的發展史觀，正訴諸這兩種時代危機所產生的強烈需要，它的革命觀的三段結構告訴人們如何從現實的苦難中獲救，同時也使人從中找到方向感、認同感與歸宿感，從而化解他們在文化危機中所感到的迷惘、混亂和失落。

　　總之，只有從共產主義與毛澤東思想的宗教性，才能解釋它們的革命觀念所產生之強烈而持久的魅力，才能解釋其在革命道路上所掀起之長時期的狂熱與激情。

結　語

　　方才我用了不少篇幅，對中國百年來革命的思想道路，做了一番歷史的回溯，討論這條道路如何在一百年前由改革思想分化出來，如何在轉型時代逐漸演爲革命崇拜心態，如何爲接受共產主義革命思想鋪路，然後如何從1930年代的中期開始在毛澤東思想引導下，這革命崇拜的心態深化爲一種革命宗教，牢籠中國人的思想達四十年之久。誰都知道這條大革命的道路最後結局是一場大悲劇與大幻滅，幻滅之後才有近年來一片改革呼聲。我希望在這一片改革呼聲中，大家不要忘記前面籠罩二十世紀大部分時間的革命思想道路。不但不能忘記，而且要對這條悲劇性的道路做深切的反思，反思它的由來、過程和歷史的影響及意義。因爲歷史是詭譎多變的，我們如果對這條道路沒有反思和自覺的警惕，它是可能會重來的。在此我想用一位現代西方哲人的話結束我今天的演講，他說「忘掉歷史的人勢必重蹈覆轍」（Those who forget history are condemned to repeat it.）。

幽暗意識的形成與反思

　　1982年的夏天《中國時報》在台灣宜蘭山間的棲蘭山莊舉行了一個學術思想的研討會。我應邀赴會，由於這個機緣，我把蓄之有年的一些問題與想法寫成〈幽暗意識與民主傳統〉一文，自那時起，這些問題與想法一直縈迴在我的腦際，形成我思想發展的一條主軸。轉眼20年過去，如今我迴視這段心路歷程，時間的距離使我看清楚它的來龍去脈，也加深我對其思想義涵的認識。

　　該從我早年的政治意識說起吧！在台灣念大學的時代，受到殷海光先生的思想啟蒙，我是一個五四型的自由主義者。當時我對自由民主這些理念的認識很朦朧，可是生活在台灣1950年代的白色恐怖中，卻對這些理念有著無限的嚮往與熱情。

　　1959年我去了美國。在海外的新環境裡，我的思想很快有了變化。首先是「新中國」給我的震撼。在海外我聽到許多在台灣聽不到的有關新中國的消息，讀到在台灣讀不到的「三〇年代」文學，我感覺第一次真正發現了中國和做中國人的意義，也第一次感到做中國人是值得驕傲的。這些感覺對於一個長期

在台灣受教育，被逃亡飄泊的心理所籠罩，缺乏「祖國認同」的年輕人，實有著難以想像的震撼。就這樣我的思想開始左轉了。現在追憶那時的心境，這左轉的動力毫無疑問主要來自民族情感。與許多來自台灣的留學生一樣，我是在海外找到了中國的民族主義，也由於它的牽引，我開始正視馬克思主義思想，思考這思想提出的一些問題。

左轉很快沖淡了我本來就很朦朧的自由主義立場。我不知不覺地進入1930年代中國知識分子的心境。一旦發現了群體的大我，個人小我也無所謂了。1960年代初，有好幾年，我和殷先生雖然通信不斷，但與他所代表的自由主義似乎是漸行漸遠了。

但我的左轉並未持續太久。1960年代後期大陸上掀起文革風暴，使我的政治意識再一次轉向。記憶中，文革開始時，我正結束哈佛的學業，去美國南方一所州立大學教書。那兒報紙很少登載中國的消息。但從各方零星的報導，我完全無法理解當時中國的動態。隨著文革運動的展開，我的困惑日益加深，覺得有重新檢討我思想左轉的必要。就在這番檢討中，幾年前我在研究所念書時的一段經驗，又重新湧現在我的腦際，不但幫助我對文革進行反思，而且使我在思想上又作了一次重要調整。

這就要回到1962年的冬天，哈佛大學的春季課程排出了一門新課。這新課的準確題目，現在已記不清了，大概是「西方近代的民主理論與經驗」，由一位法學院教授與另一位校外請來的訪問教授合開。這位訪問教授就是當時名重一時的美國宗

教思想家尼布爾（Reinhold Niebuhr）。這門課的題目與尼布爾的大名引起我的好奇心，決定春季開學後去旁聽。因為這門課是排在早上第一節，記得開學那天，一向遲睡遲起的我，特別起了一個大早，冒著料峭的春寒趕去上課。課室是在著名的佛格博物館的地下室，我抵達博物館的大樓時，才知來得太早，大門仍然關著，卻見門前有一位面貌古癯，走路微跛的老者先我而到，在門前來回踱步，等著開門。他看見我，就主動與我打招呼，問我為何這樣早趕來博物館，我說是為了聽課。他接著問我準備聽哪門課，當他聽到我的回答時，就微笑著告訴我他就是那位授課的訪問教授。真是出乎我的意料！正不知應該再說些什麼，博物館的大門開了，也就隨著陸續來到的學生進去入座上課。

那年春天，這門課我斷斷續續總算聽完了。但聽得很不理想，主要因為我當時西方思想史的背景很不夠，對於堂上討論的問題，常常不能清楚地掌握它們的意義。但尼布爾在堂上說的一些話卻在我的腦海中留下很深的印象，決心要探究一下他的思想。就這樣我開始接觸到以往一直未注意的一股西方民主思潮。

這股思潮就是一次大戰後在歐洲基督教內興起的，一般稱之為危機神學（Crisis theology）或辯證神學（Dialectical theology）。這派神學後來傳到美國，經尼布爾大力闡揚，在1930至1950年代的美國思想界造成很大的影響。

危機神學的主旨是：回歸基督教的原始教義，而彰顯後者所強調的人與神之間無法踰越的鴻溝。一方面是至善完美的超

越的上帝，另一方面是陷於罪惡的人類。不錯，人的本原是好
的，因為上帝造人是根據他自己的形象，但這本原的善很快就
因人背叛上帝而汩沒。因此，就人性論而言，危機神學特別重
視人的罪惡性。尼布爾在思想界重大的貢獻就是以危機神學的
人性論為出發點，對西方自由主義以及整個現代文明提出質疑
與批判。他認為要認識現代世界，必須記住人的罪惡性。最能
表現人之罪惡的就是人對權力的無限貪欲。二次大戰前出現的
左右兩派的極權暴政，便是這罪惡性的明證。而環顧當時世界
各種主義與學說，如社會主義、浪漫主義、馬克思主義，乃至
自由主義，可悲的是它們都忽略人的權力欲所反映的罪惡性。
所以，他要特別重提基督教的雙重人性觀：我們不僅需要看到
人的善的本原、上帝所賦予每個人的靈魂而尊重個人的價值，
我們也同樣需要正視人的罪惡性而加以防範。只有從這雙重人
性論的觀點，才能真正發揮民主制度的功能，彰顯它的價值。
因此而有他的名言：「人行正義的本能使得民主成為可能，人
行不義的本能使得民主成為必要」（Man's capacity for justice
makes democracy possible, man's capacity for injustice makes
democracy necessary）。

在聽尼布爾講課以後的幾年，我對他的思想稍有涉獵，但
真正深入地體會尼布爾對人世與人性的深思灼見，還是文革開
始以後的事。在文革運動展開的過程中，我在海外雖是「隔岸
觀火」，但那熊熊的烈火卻深深地震撼著我。與海外許多華人
不同，這烈火在當時沒有使我對文革抱持同情或幻想，相反的，
它卻震醒了我左轉的迷夢。其中一個重要原因是：在觀察這場

風暴中，尼布爾的思想突然有了活生生的意義，好像得到經驗感受的印證。我看見了，在理想的狂熱中，在權力鬥爭中，人是多麼詭譎多變，多麼深險難測，人性是可以多麼醜陋，多麼扭曲，多麼可怕！在人性的陰暗裡，我找到了文革所展示的權力氾濫的根源。我不禁自問：權力，假如有制度加以防堵，加以分散，還會變成這樣氾濫成災嗎？尼布爾那句名言，特別是那第二句話又在我的腦際浮現：「人行不義的本能使得民主成為必要」。我由此開始對民主重新估價。在左轉過程中，我對民主喪失的信心，也因此漸漸恢復了。

在恢復民主信念的同時，我也修正了我對民主的認識。在此以前，因為年輕時代受了五四的影響，多年來我對民主的看法常常是高調的：民主不是國家富強的良藥，就是道德理想的體現。但長久在西方國家對民主運作的觀察，以及看到中國近代民主道路的坎坷，已使我無法再抱持高調的民主觀。這種領悟，加上文革以後我對政治的一番新認識，使我對民主的重新肯定變得低調。英國政治家邱吉爾對民主的評價曾經有句名言：「民主並非一個理想的制度，只是人類到現在還未想到一個比它更可行的制度。」這句話很能代表我近20年來對民主的看法。不錯，民主政治確實有許多缺點，但至少，在民主制度下，權力氾濫成災，千萬人頭落地的情形不大容易發生。從這一點去看血跡斑斑的人類歷史，民主的價值已夠我們珍視了。因此，自從我由左轉回到自由主義的立場以後，我一直深感在中國談民主，常常需要一個低調的民主觀，才能穩住我們的民主信念。

　　這就是我在1980年代初提出「幽暗意識」這一觀念的思想背景。這些年來，從這個觀點出發，我看到了我從前對時代認識與感受的思想限制，在檢討與反省這些思想限制的過程中，我對「幽暗意識」也有了更深的體會。

　　在我早年的求學過程中，有兩個觀念——儒家的「憂患意識」與馬克思的「異化」曾經深深地影響我對時代的感受與認識。前者我是透過徐復觀先生的著作認識的。由這個觀念我開始知道：儒家，基於道德理想主義的反照，常常對現實世界有很深的遺憾感與疏離感，認爲這世界是不圓滿的，隨時都有憂患隱伏。就此而言，憂患意識與幽暗意識有相當的契合，因爲幽暗意識對人世也有同樣的警覺。至於對憂患的根源的解釋，憂患意識與幽暗意識則有契合也有很重要的分歧。二者都相信人世的憂患與人內在的陰暗面是分不開的。但儒家相信人性的陰暗，透過個人的精神修養可以根除，而幽暗意識則認爲人性中的陰暗面是無法根除，永遠潛伏的。不記得誰曾經說過這樣一句話：「歷史上人類的文明有進步，但人性卻沒有進步。」這個洞見就是幽暗意識的一個極好的注腳。

　　這個洞見也使得幽暗意識與馬克思的異化觀念有所不同，後者在1960年代的西方知識界相當風靡。我當時在研究所念書，曾經對它發生極濃厚的興趣。這觀念的前提是：普遍人性是不存在的，要了解人，必須從人的社會實踐，特別是生產活動去觀察。但不幸的是：人的生產活動不可避免地會發生本末倒置的現象，因爲在生產過程中，人不但不能主宰與享有自己勞動力的成果與生產成品，反而落入後者形成的枷鎖，變成它

的奴役，這就是馬克思所謂的異化現象。就了解人的社會性而言，異化這個觀念毫無疑問是帶有很深的憂患意識。

從幽暗意識的觀點去看，這是異化觀念可取的地方，但同時也有它嚴重的盲點：前面提到，馬克思不相信普遍人性。因此，異化不能歸因於內心，而只能歸因於外在的社會結構。在他看來，異化是社會結構在歷史演進的過程中所產生的階級制度的結果。而社會結構與階級制度是人造的，因此人也可以加以改造。於是馬克思相信：透過人為的革命，社會可以改造，階級制度可以取消，異化作為憂患的根源可以根除，由此人間可以實現一個完美的社會。可見，異化觀念並無礙於馬克思主義變成一個極端的理想主義。

因此，從幽暗意識出發，我一方面接受馬克思的異化觀念所含有的洞見，同意外在的社會制度可能是人世憂患的一個重要原因。另一方面，我卻不能接受他的極端理想主義。因為除了外在制度這個源頭，人世的憂患也可種因於人內在的罪惡性。後者可加以防堵與疏導，但卻無法永遠根除。也就是說，外在制度的改革，不論多麼成功，多麼徹底，人世間的憂患仍然不會絕跡。烏托邦也許天上有，人世間是永遠不會出現的！

基於上述討論，可見幽暗意識是與憂患意識以及異化觀念有相契合之處，也有基本不同之處。正因如此，我近十多年來對儒家的道德理想主義與馬克思的歷史理想主義，在同情了解的同時，也保持批判的距離。但這並不意味我無條件地反對理想主義。實際上，人的理想性是幽暗意識的一個不可少的背景觀念。因為不如此，則幽暗意識將無所別於所謂的現實主義。

　　如所周知，東西文化傳統裡都曾經出現過一些現實主義。
例如中國的法家，以及西方傳統裡的馬基維利(Machiavelli)與霍
布斯(Hobbes)的思想，他們都曾強調人性中的負面。幽暗意識
與這些現實主義不同之處在於後者於價值上接受人性的陰暗
面，而以此爲前提去思考政治與社會問題。與此相反，幽暗意
識仍然假定理想性與道德意識是人之所以爲人不可少的一部
分。唯其如此，才能以理想與價值反照出人性與人世的陰暗面，
但這並不代表它在價值上認可或接受這陰暗面。因此，幽暗意
識一方面要求正視人性與人世的陰暗面，另一方面本著人的理
想性與道德意識，對這陰暗面加以疏導、圍堵與制衡，去逐漸
改善人類社會。也可以說，幽暗意識是離不開理想主義的，二
者相輔相成，缺一不可。隨之而來的是我近年來越發信之不疑
的一個對人的基本看法：人是生存在兩極之間的動物，一方面
是理想，一方面是陰暗；一方面是神性，一方面是魔性；一方
面是無限，一方面是有限。人的生命就是在這神魔混雜的兩極
之間掙扎與摸索的過程。

　　總之，我是透過對儒家憂患意識、馬克思的異化觀念與各
種現實主義的反思而逐漸澄清了幽暗意識這觀念。在這反思的
過程中，我覺得我進一步認識了人，認識了自己，也認識了這
時代。

殷海光與中國知識分子

——紀念海光師逝世三十週年

　　在這樣的背景下，我獨自出發來尋找出路和答案。當我出發時，我像是我自己曾經涉足過的印緬邊境的那一條河。那一條河，在那無邊際的森林裡蜿蜒地流著。樹林像是遮蔽著它的視線，岩石像是擋住了它的去路。但是，它不懈怠，終於找到了出路，奔赴大海，和百谷之王匯聚在一起。現在，我發現了自己該走的大路。我認為這也是中國知識分子可能走的大路。我現在看到窗外秋的藍天，白雲的舒展，和遙遠的景色。

　　這些年來，每當我想到殷先生，總是聯想到這段他晚年寫下的獨白。這不是偶然，因為對於我而言，這段話最能反映他生命中那份特有的理想主義精神。

　　記得1950年代中期，我最初認得殷先生的時候，就是這份精神吸引住我。我想主要也是這份精神使得他變成當時台大校園裡一塊精神磁石。

　　在早期的台大，這是一個獨特的現象，其時台大不乏講堂

裡叫座的教授。例如文學院的沈剛伯先生，法學院的薩孟武先生，教國際關係的黃祝貴先生，都是在教室裡很能使學生風靡的教授。論口才與學識，殷先生並不一定比他們好，但他們對學生的吸引力，只限於知識層面，只能在教室裡發揮，離開了教室，他們就沒有什麼影響力了。而殷先生的磁力卻不僅限於教室，在教室外，他仍然常常有一群學生環繞著他，跟隨著他，和他聊天，與他同遊。這可算是當年的「殷海光現象」。

就他的理想主義而言，殷先生是中國近代早期知識分子的繼承者。他在世時，常常感嘆當時台灣的知識分子的精神萎靡與空虛，遠不能與「從前」的知識分子相比。他所謂的「從前」是指由五四上溯到戊戌那個時代。他在那個時代的思想人物裡找到了知識分子的典型，也吸收了那些人物所孕育的理想主義。殷先生生前最愛引的兩句詩──「登高山更有高山，出瀛海復有瀛海」，就是那時代的思想領袖梁啟超所寫的，他的理想主義精神與梁啟超這兩句詩所透顯的理念與豪情是一脈相承的。

然而早期知識分子的理念與豪情，卻在1949年以後的台灣消失了。當時由大陸退到台灣的中老年知識分子，面對中共革命的成功，不啻天崩地裂，在精神與思想上已成虛脫。同時國民黨政府的思想控制與白色恐怖也已經開始，這種灰暗的大環境，使得在台灣初期成長的年輕一代，常常感到迷茫而消沈。回憶中，1950年代的台灣總顯得特別荒涼，這種荒涼的感覺，不僅因為那時代台灣經濟的繁榮尚未來到，與當時消沉的時代氣氛也很有關係。

　　就是在這荒涼的1950年代，年輕的一代發現了殷先生。在台大，他的理想主義精神，透過他獨特的言談風格、犀利的思想文字，很快吸引了我們年輕人的注意，激起了思想的波瀾。在他的影響之下，我們開始走出那迷茫而消沉的歲月。

　　當年殷先生對年輕一代的一個重要影響，就是替我們與現代早期知識分子傳統建立一個精神橋樑，重建五四的思想道路。在他所開拓的這條道路上，自由與民主的理念毫無疑問是一個重要的指標。今天重讀他在這方面的文字，似乎並無多少新意，但擺在30年前的歷史脈絡去看，卻很有時代的深意。因為在大陸的五四思想傳統裡，自由主義的理念，常常受到左右兩派的曲解與附會，同時本身也時為群體意識所滲透，而有民粹主義的傾向。殷先生的貢獻是把五四傳統中的這些內外夾纏與混淆清除掉，同時在思想上把自由主義移置在英美自由主義所著重的個人主義與人權觀念的架構上。這是中國自由主義發展的一個重要轉向，日後自由主義能在台灣的土壤上生根滋長，未始不與當年這思想轉向有密切的關聯。

　　但有一方面，殷先生的自由主義並未受到英美傳統的影響，而仍然保持五四傳統的特色，那就是，他的自由主義是帶有濃厚的道德意識。在他看來，自由民主觀念有特定的道德內涵，意指一些有普遍性的道德價值，例如個人尊嚴、個人人格的完美發展、社會的公平與正義等。這種觀念，至少英美自由主義的主流是不能認可的。他們強調自由民主只能代表中立於道德價值的程序機制，以便讓多元社會各種不同的價值能充分地表達出來。如果自由主義有特定的道德內涵，則將與自由主

義的多元立場相牴牾。殷先生在這一點上也許有可批評的地方。但學者關於自由主義是否能有特定的道德內涵仍在爭論之中，無法在此深論。

我所要強調的是：殷先生這種帶有強烈道德意識的自由主義，放在他生命的脈絡裡，有其不尋常的意義。

我在前面指出，殷先生的自由主義不是道德中性，而是代表一些特定的道德理念。同時他的一生充分表現他有強烈的道德勇氣，來為他的自由理念與道德價值的實現而奮鬥。就此而言，他體現一種知識分子的人格典型。這種典型在中國近代早期知識分子中間很具有代表性，但在現代社會卻有日漸式微之勢。這是現代社會的一個危機，認識這危機也更能彰顯出殷先生所代表的知識分子典型的時代意義。

在殷先生的身上，我們可看到這種典型有下列的特徵：(1)他身處權勢之外的社會邊緣地位；(2)他不是以專業知識的角度，而是代表一些有道德普遍性的價值，去對政治社會問題發言；(3)發言時，不畏權勢，敢說真話。

這種典型可稱之為傳統型的知識分子。主要因為這種型態的知識分子首次出現於世界史上幾個主要傳統文明的「軸心時代」(800-200B.C.)。在那個時代，一些思想型的人物以代表來自超越的真理自任，開始在現實政治秩序之外，建立一個以理念與智慧為基礎的獨立的心靈秩序。從此傳統型的知識分子，在世界歷史舞台上，開始扮演了重要角色。到了近現代，這種型態的知識分子承襲來自傳統的天責感與使命感，認同現代文明的一些基本理念，特別是來自歐洲啟蒙運動的理念，依然繼

續扮演他們重要的歷史角色。在世界許多地區，近現代所帶來的政治社會大變動，都與這傳統型的知識分子有密切的關係。

但是隨著現代化的展開，這種典型的知識分子很有日益變成「稀有動物」的趨勢。當然，現代社會並不缺乏知識分子。由於高等教育的普及，知識分子已不再是少數人的專利，作為一種社會類型，他們已變得相當普遍，但同時這些現代知識分子也主要以另一型態出現。這就是現代義大利馬克思學派的思想家葛蘭西（Antonio Gramsci）所謂的有機型知識分子（Organic intellectual）。

葛氏認為現代的知識分子有為現存社會結構完全吸收的趨勢。因此，他們往往為特定的階級或工商企業服務，為他們說話，這就是他所謂的有機型。最明顯的例子是現代資本主義社會裡面，許多知識分子受僱於企業家，替他們辦公關、設計廣告，或以其它專業技術去為他們效勞。

葛氏對現代知識分子的觀察，可謂切中肯要。將其觀察推而廣之，我們可以說：隨著高等教育的日益普及，專業知識日趨分化，受過高等教育的人往往變成專業技術型的知識分子。他們服務社會時，難免受專業知識的局限，往往缺少人文價值所培育的通識，也無法看到社會長遠均衡發展的需要。同時這類型的知識分子不但人數眾多，散布於社會各層面，而且有領導社會，主持政府的趨勢。這種情形與現代社會失去大方向而有畸形發展的危險很有關係。難怪，近年來西方有識之士呼籲現代社會需要「公共知識分子」（public intellectual），強調知識分子對社會要關懷，同時又能超越專業知識的局限，以通識來

認識社會的需要，爲社會說話。這種知識分子與殷先生當年所樹立的知識分子典型在心態上是很相近的。

今天面對有機型知識分子在現代社會所造成的危機，以及需要公共知識分子的呼聲，更使我懷念30年前殷先生爲中國知識分子所樹立的楷模與風範。

一個劃時代的政治運動

——再認戊戌維新的歷史意義

　　從宏觀去看，中國歷史自十世紀至二十世紀以前，一共只有過兩次大規模的政治改革。第一次是北宋十一世紀的王安石變法，第二次就是十九世紀末的戊戌維新。這兩次改革最後都失敗了。王安石改革的失敗反映中國傳統政治體制缺乏自我轉化的能力。戊戌維新失敗，不但再度證明傳統體制缺乏這種能力，而且也把中國帶入一個空前的政治與文化危機。今次我們再認戊戌維新的歷史意義，必須以這雙重危機爲視野去下手分析。

　　大約說來，戊戌維新有廣狹二義。狹義是指1898年夏，晚清光緒皇帝以一連串的敕令推動大幅度的政治改革，這就是所謂的「百日維新」。廣義是指1895-1898年間的改革運動，這個運動始於甲午戰敗之後康有爲發動上書呼籲改革，而以戊戌百日維新後發生的宮廷政變結束。我在這篇文章裡所討論的是廣義的戊戌維新。

　　這個廣義的戊戌維新不是單純的政治改革運動，因爲康梁
集團從開始就計畫循兩種途徑進行改革運動。一方面是「由上
而下」的途徑，也就是說，希望透過向朝廷上書建言，改變清
廷的政治立場與態度，然後以中央政府政令的推行來實行改
革。另一方面是「由下而上」的途徑，也就是說，企圖針對社
會菁英分子──士紳階層，從事游說鼓動來爭取改革的支持[1]。
由於這雙管齊下，維新運動得以凝聚《馬關條約》後中國朝野
上下所感到的憤慨與求變心理，在政治上產生極大的波瀾，在
社會上激起廣泛的反響。這些影響，可以從兩方面去探討其歷
史意義：一、從政治史去看，它代表中國傳統政治秩序開始解
體，從而引進了一個中國史上空前的政治危機；二、從思想文
化史去看，它在甲午戰爭以後，開啓了中國從傳統過渡到現代
的轉型時期。

一、戊戌維新運動與中國政治秩序危機的序幕

　　在說明爲何戊戌維新在中國現代政治演變中有這樣的歷史
意義之前，必須先對傳統政治秩序的定義稍作交代。這個政治
秩序是在北宋開始出現而定型於明清兩代，它的核心是由傳統
政治制度的兩個結構所組成。一個是始於商周而定型於秦漢初
期的「普世王權」（universal kingship），另一個是晚周戰國以來

1　Hao Chang, "Intellectual Change and the Reform Movement, 1890-1898",
in *The Cambridge History of China*, vol. 11, ed. John K.Fairbank and
Kwang-Ching Liu（Cambridge: Cambridge University Press）, 291-93.

逐漸形成的「官僚體制」。但是要認識傳統政治秩序，我們不
能只看政治制度，因爲這政治制度是受著兩種來自制度以外的
力量支撐。一方面它受到傳統社會結構的主幹──士紳階層的支
撐，另一方面它也受到傳統文化體系的核心──正統儒家思想的
支撐。後者以綱常名教的觀念爲主軸，對現存的朝代政權不一
定無條件地接受，但是對於政權後面的皇權制度則基本上是肯
定的。再者，正統儒家的政治社會價值，自唐宋以來已經逐漸
滲透入佛教與道教的主流思想，使得佛道二教在其政治社會價
值上已經「儒家化」或者「正常化」（normalization）[2]。因此儒
家的綱常名教觀念，可以代表整個傳統文化體系的正統價值。
總而言之，在明清兩代，傳統政治秩序是皇權制度與傳統社會
結構的主幹，以及傳統文化體系核心思想的三元組合。

　　這三元組合的政治秩序在晚清受到前所未有的衝擊。重要
的是，大致說來，在1895年以前，這衝擊並未撼動政治秩序三
元組合結構，只是導致官僚體系潰墮。這一觀念上的分別對我
們了解近代政治變遷極爲重要。首先，甲午以前，清廷因應付
外強侵略與內部動亂而作的制度改變與調節是限於行政管理與
經濟業務層面，並未觸及基本政治體制。不錯，太平天國運動
失敗後曾有督撫分權的現象出現，但所謂的督撫分權只是清廷

2　Chü-fang Yü, *The Renewal of Buddhism in China. Chu-hung and the Late Ming Synthesis* (New York: Columbia University Press, 1981), 101-137; Richard Shek, "Taoism and Orthodoxy: The Loyal and Filial Sect", chap. 4, in *Heterodoxies in Late Imperial China*, ed. Kwang-ching Liu (Berkeley: University of California Press, 1998).

為了應付內亂後的變局所採的權宜之舉。在基本權力上，這些
久任的督撫仍然受到很大的限制，並不能與清廷分庭抗禮。關
於這一點，劉廣京先生已有極肯要的說明[3]。此外，必須指出的
是，中央失控與地方分權的趨勢不是晚清所特有，而是中國變
成大一統帝國以後每一主要時期都曾出現過的現象。秦漢帝國
晚期的州牧坐大與隋唐帝國晚期的藩鎮跋扈，都是極明顯的例
子，而晚清這種趨勢的嚴重性是遠不能與前二者相比的。那時
督撫分權只代表行政結構鬆弛，而前二者則已威脅到當時的中
央皇權統治。

　　同時我們必須注意，清朝中央政府與士紳階層之間的關
係，在太平天國所開啓的內部動亂時並未受到影響。最有力
的證據是當農民運動在咸同年間威脅到清朝皇權統治的時
候，當時的士紳階層在地方上響應曾國藩保衛傳統政治與文
化秩序的號召，招募團練，支持清朝中央政府，而清政府最
後之能扭轉危局，鎮壓農民運動，士紳階層的有力支持是一
個決定因素。

　　再者，甲午以前，儘管西方文化進入中國已有半世紀以上，
正統儒家思想仍然能夠維持其在傳統文化中的主導地位。當時
所謂的「西學」的影響大致局限於沿海的幾個大商埠，對於大
多數的官吏士紳並無甚麼影響。1895年以前，中國的重要書院

3　Kwang-ching Liu, "Nineteenth-Century China: the Disintergation of the
　　Old Order and the Impact of the West". in *China in Crisis*, ed. Ping-ti Ho
　　and Tang Tsou(Chicago: University of Chicago Press, 1968), 109-112.

幾乎都沒有西學的蹤跡,可爲明證[4]。同時,考試制度仍然維持它在中國社會與教育上的壟斷地位,使得當時大多數的士紳菁英依然生活在朱注四書的思想籠罩之下。

　　綜合上面的分析,我們可以說,當時的皇權制度不但仍然與社會主幹保持互相依存的關係,而且也依舊受到文化傳統的主導思想的維護。也就是說,傳統政治秩序的三元組合,在1895年以前並未有解紐現象。

　　這種情況在1895年以後有著顯著的變化。首先,三元組合的傳統秩序逐漸解紐,普世王權隨之瓦解,接著新的共和政體頻頻流產,中國終於陷入徹底的政治解體(political disintegration)。這一綿延卅年的政治危機的起始點,就是甲午以後所發生的維新運動。

　　僅就1898年夏天的百日維新而論,它代表改革運動已進入清廷權力結構的核心。光緒皇帝在三個多月中所發動的大規模制度改革,是以康有爲的〈日本明治變政考〉與〈俄羅斯大彼得變政記〉爲藍圖,而以富強所代表的現代化爲目標。表面上,這些改革仍然維持君主制度。但觀乎康有爲自1895年以來對光緒皇帝所作的一連串建言,頒布憲法,建立議會,實現當時所謂的君民共主的理想,也是在改革藍圖之中[5]。易言之,百日維新是隱然朝向君主立憲政體推動,而君主立憲所代表的君主制

4　Barry C. Keenan, *Imperial China's Last Classical Academies, China Research Monograph* (Berkeley: Institute of East Asian Studies, University of California, 1994), 3-4, 142.

5　Hao Chang, "Intellectual Change and the Reform Movement, 1890-1898", 323-327.

度之有異於傳統的普世王權是很顯然的。因此,百日維新雖然失敗,但它顯示傳統的皇權體制已在清廷權力結構的核心上受到震撼。

戊戌時代,不但中央皇權受到改革運動的震撼,皇權體制的社會與文化支柱也因改革運動的影響而受到侵蝕。如所周知,晚清傳統社會經濟結構並未有基本的變化,士紳階層在社會上的主幹地位也並未動搖。發生變化的是士紳階層與皇權體制之間的結合。上面指出,太平天國運動是因清政府與地方士紳的合作而遭到撲滅。此後,地方紳權曾有顯著的擴張,地方行政有好些方面如團練、教育、社會福利、公共工程,乃至少數新興工商企業均由地方士紳接管,而同時他們與中央皇權大體上仍然維持協調和諧的關係[6]。但是1895年以後,這個協調和諧關係已逐漸不能維持。主要原因是士紳階層,特別是上層士紳之間出現了分裂。在戊戌時代,一小部分士紳開始質疑皇權體制,並公開向其挑戰,引起了士紳之間的思想對峙與政治鬥爭,也間接動搖了中央皇權在地方的社會基礎。

這種情形,以戊戌時代的湖南最為表面化。湖南自1890年代初吳大澂任巡撫以來,即進行自強運動式的改革,1895年陳寶箴接任巡撫,加快這種局部緩進式改革的步伐。但改革新政

---

6 Phlilp A. Kuhn, *Rebellion and Its Enemies in Late Imperial China: Militarization and Social Structure, 1796-1864* (Cambridge: Cambridge University Press, 1980), 181-225; Mary Backus Rankin, *Elite Activism and Political Transformation in China: Zhejiang Province, 1865-1911* (Stanford: Stanford University Press, 1986), 1-201.

仍然是在地方官吏與士紳協調合作之下進行的[7]。1897年康梁的
改革思想運動進入湖南，梁啓超攜同一些康門弟子去長沙主持
新成立的時務學堂，不但公開鼓吹西方的民權學說，而且時有
排滿的種族主義言論，對中國的君統以及清室的中央皇權作正
面的攻擊。他們甚至效法明治維新以前的藩鎮倒幕運動，大膽
主張湖南自立，擺脫清室中央的控制。從地方基層，徹底推行
改革新政，以爲未來改造中國的基石[8]。

　　同時梁又與湖南士紳譚嗣同、唐才常、皮鹿門等人創立南
學會，從思想上進行動員士紳階層，計畫發展紳權以爲興民權
的階梯。他們動員地方士紳的努力很有成效。在短短一年多的
時間裡，在長沙以及一些其他的州縣，前後成立的學會有13個
之多。而南學會在鼎盛時期擁有超過1200名會員。因此，在1897
與1898年之交，湖南的改革運動不但有激化的走向，而且在湖
南士紳之間，也有擴散開展的趨勢[9]。這是一個極值得注意的現
象，因爲湖南官紳在十九世紀幾個重要的歷史發展，都是以保
守的立場扮演了重要的角色。太平天國運動時，湖南官紳以維
護名教的立場率先組織起來，變成鎮壓這個運動的主力。其後
在1860年以後的三十年間，他們也變成抵抗傳教士深入內地散
播基督教思想的中堅，如今在戊戌時代，激化的改革運動居然
能在湖南士紳間引起相當的迴響，可見當時思想變化之劇。但

7　Hao Chang, "Intellectual Change and the Reform Movement, 1890-1898",
　　306-318.
8　Ibid., 303-309.
9　Ibid., 308-309.

這迴響也很快遭受到思想守舊與緩進的士紳的反擊，形成空前
的意識形態與政治鬥爭。這些反對改革激化的士紳，一如他們
前此反對太平天國運動與基督教傳教士，是站在捍衛傳統政治
社會秩序的立場，不但號召湖南紳民起來抗拒思想上的異端邪
說，而且呼籲中央與地方政府予以鎮壓[10]。在他們強大的壓力
之下，改革運動很快地收場。

　　湖南改革運動的激化雖然為時很短，但其意義卻極為重
大。首先，它代表傳統皇權體制的社會基礎開始出現嚴重裂痕。
這社會裂痕在戊戌時代雖然範圍不廣，但卻是一個重要的啓
端，在轉型時代逐漸擴大，終於演成傳統政治秩序在1911年以
後全面解體的一個重要社會動因。

　　再者，湖南改革運動也代表一個全國性的思想對峙與政治
鬥爭的開始。由於當時反對康梁思想的士紳不但在湖南，而且
在北京以及其他地區，廣泛地呼籲與游說官紳，引起朝野上下
的注意。一時以張之洞為中心的一些官紳，在思想上組織起來，
對康梁的改革運動進行思想圍剿。1898年春，張之洞發表著名
的《勸學篇》，提出「中體西用」之說。表面上，他是為自強
運動式的改革作一思想的總結與辯護，而實際上，他是認為傳
統政治秩序的義理基礎，已因康梁的改革運動而受到威脅，他
必須出來重新肯定這義理基礎[11]。因此，張之洞在當時的立場與

10　Ibid., 309-318. 湖南官紳攻擊當時激進思想的文章收於蘇輿編的《翼
　　教叢編》，讀者可參閱。
11　同上，312-14。《勸學篇》是於1898年春以分期連載的方式登載於湘
　　學報。

十九世紀中葉曾國藩的立場頗有相似之處。曾氏在太平天國運動威脅清廷存在之時，出面呼籲全國士紳為捍衛綱常名教而戰。同樣地，張之洞印行《勸學篇》也是為捍衛綱常名教而戰。所不同的是，1895年以後的思想與政治環境已非40年前曾國藩所面對的。曾當年所面對的士階層的內部並未存有嚴重裂痕，因此士紳階層可以很快地響應曾國藩的呼籲而與政府通力合作，鎮壓太平天國運動。而張所面臨的則是一個已經開始分裂的官紳菁英階層。因此《勸學篇》出版以後，一方面固然受到許多官紳的支持，但另一方面也有同情康梁維新運動的人士出面反擊，例如何啓、胡禮垣就曾在香港著文駁斥張氏的《勸學篇》。可以說，一個環繞康梁的菁英集團與張之洞為首的官紳集團，以湖南維新為導火線，形成一個全國性的思想對峙。這個對峙與1895年以前因自強運動而展開的思想論戰不同，後者主要是清政府內部有關洋務政策的辯論，而前者則是攸關傳統政治秩序的義理基礎的論爭，也是中國現代意識形態鬥爭的序幕。

戊戌時代，官紳統治階層內部出現的意識形態之爭，不僅導致傳統皇權體制的社會基礎動搖，而且反映它的文化基礎也受到嚴重的侵蝕。一方面是西學在1895年以後大量的輸入，加上晚清大乘佛學與「諸子學」的復甦；另一方面，儒家內部的學說之爭，特別是康有為的今文學與古文學之爭，已把儒家義理的基本性格與政治取向弄得曖昧不明、啓人疑竇。儒家正統思想在內外雙重的壓力之下，已不能像1895年以前那樣予皇權體制以有力的支持。這些發展我們不能孤立地去看，因為它們是甲午以後所發生的思想文化巨變的一部分。因此，在認識傳

統政治秩序解紐的同時，我們必須對甲午以後改革運動如何開啓思想文化的新時代——轉型時代作一簡要的鳥瞰。

二、戊戌維新運動與思想轉型時代的序幕

所謂轉型的時代是指1895至1920年代初期，大約30年的時間。這是中國思想文化由傳統過渡到現代、承先啓後的關鍵時代。無論是思想知識的傳播媒介或者是思想的內容，均有突破性的巨變。就這些思想巨變的各重要面向而言，戊戌維新運動都是轉型時代的起始點。

首先就新的傳播媒介而言，維新運動毫無疑問是一劃時代的里程碑。在甲午年以前，中國已有近代報刊出現，但數量極少。據統計，1895年以前全國報刊只有15家。而大多數都是外籍傳教士或商人買辦的。但戊戌時代3年之間，據初步統計，數量躍至64家。同時，這些報刊的編者多半出身士紳背景，形成一種新的菁英報刊，影響也較前激增 [12]。

轉型時代思想散播的另一重要制度媒介——新式學校的最初出現也是由於維新運動的刺激。在此以前，書院制度雖在晚清有復甦的趨勢，但是學習課程仍以傳統科目爲主，西學幾乎完全不見蹤影 [13]。維新運動期間，康梁不但在思想上鼓吹以「廢科舉，立學校」爲綱領的教育改革，而且直接間接地推動新式

---

12 Hao Chang, "Intellectual Change and the Reform Movement, 1890-1898", 333-336.

13 Ibid., 330-331.

學堂的建立，開1900年以後新式學校大規模設立的先河。

　　同時，對現代新思想傳布極有貢獻的學會，其出現也是以戊戌維新為分水嶺。在此以前，這種知識性與政治性的自由結社至少在有清一代幾乎是絕跡的，但維新運動期間，據大約的統計，學會的出現就有76個之多，是為轉型時代自由結社大量湧現的開端[14]。

　　轉型時代的思想巨變，不僅有賴於報刊、學校、學會等制度性的傳播媒介，同時也與新社群媒介——現代知識分子有很深的關係。中國現代知識分子大部分是從士紳階級分化出來，而這分化乃始於維新時代。康梁以及他們的同路人，雖然大多數出身科舉，但他們的社會角色與影響，已經不是依附科舉制度與官僚體制，而是憑藉上述的制度媒介。再者，他們多已離開自己的鄉土社會，而流寓於沿江沿海的大都市。同時，他們與現存政治秩序之間的關係是相互牴觸大於相互依存。此外，他們在思想上與心理上，已因外來文化的滲透與壓力，而開始徘徊掙扎於兩種文化之間。因此，他們的文化認同感多少帶有一些曖昧性、游移性與矛盾性。這些特徵都是使他們不同於士紳階層而接近現代知識分子的地方。

　　由於這些社群媒體與制度媒介的湧現，西方文化在轉型時代有著空前的擴散，在其直接與間接影響之下，那時代的思想內容也有著深巨的變化。這變化大約有兩方面：一方面，中國文化出現了自中古佛教傳入以後所未有的取向危機；另一方

14　Ibid., 331-332.

面，一個新的思想論域(intellectual discourse)也在此時期內逐漸
浮現。而這兩方面的變化都是始於甲午以後所展開的維新運動。

　　(一)維新運動與文化取向危機的啟端：西方文化自十九世
紀中葉進入中國以來，就不斷地給中國文化傳統帶來震盪與侵
蝕。不過在1895年以前，這震盪與侵蝕大約限於傳統文化的邊
緣，用晚清盛行的中體西用的說法，也就是限於「用」的層次。
但是1895年以後，主要由於維新運動的催化，西方文化的震盪
與侵蝕逐漸深入到體的層次，也即進入文化的核心，造成文化
基本取向的危機。

　　這種取向危機首先是指道德價值取向的動搖。大約而言，
傳統儒家的道德價值可分兩面：以禮為基礎的規範倫理與以仁
為基礎的德性倫理。由甲午至戊戌，雖然德性倫理尚未受到直
接的衝擊，規範倫理則已遭受到正面的挑戰。規範倫理是以三
綱之說為核心。那個時代的思想領袖如康有為、梁啟超、譚嗣
同、嚴復等，都對這三綱說，特別是對其君統部分，作直接或
間接批判。前面提到，這些批判以湖南改革運動的激化為導火
線，演成中國現代基本意識形態論爭的肇端。這場論爭綿延到
五四，爆發為激進的反傳統主義，也就是傳統儒家的規範倫理
遭到全面性地思想破產。

　　戊戌時代，文化認同的問題也在中國教育階層間變成一個
普遍的困擾。在此以前，由於西方文化的衝擊大體上限於傳統
文化的邊緣，文化的核心思想並未受到嚴重的震撼，知識階層
也因之仍然可以有一個清晰的文化自我定位與認同。但1895
年以後，如上所指，一些傳統的基本價值規範已開始動搖，而

就在同時，中國進入一個以西方政治與文化霸權爲主的世界，中國人廁身其間，文化的自信與自尊難免大受損傷。中國人應該如何重新在文化上作自我定位，是一個認知與情緒雙方面的需要，文化認同問題因此變得較前尖銳而敏感。當時康門弟子梁啓超與徐勤以及譚嗣同，重估傳統夷夏之辨的問題就是很好的例證 [15]。一方面他們坦白承認：與西方文明相較，中國在當時是否能夠在文化上免於夷狄的地位已很成問題。另一方面，面對西方文化霸權與侵略，他們也深感文化上有自我肯定的需要。因此，在保國與保種之外，他們也要強調保教的需要 [16]。重估夷夏之辨與保教運動同時進行，充分顯示那時代的知識分子在徘徊掙扎於兩個文化之間所感到的困境。

轉型時代，不但傳統儒家的基本價值受到挑戰，同時它的宇宙觀也受到嚴重的侵蝕。這宇宙觀的骨幹——天人合一的觀念是由一些基本「建構範疇」構成，如天地、陰陽、四時、五行以及理氣太極等。轉型時代，隨著西方文化，特別是科學自然主義的流入與散布，這些範疇逐漸受到侵蝕而消解。1895年四川官紳宋育仁已經看到這侵蝕所造成的文化危機。他在《采風錄》中曾經指出西學與西教如何對於傳統的建構範疇發生破壞作用，而這破壞也勢必動搖儒家的基本宇宙觀與價值觀 [17]。宋

---

15 梁啓超，〈春秋中國夷狄辨序〉，《飲冰室文集》，第二冊（台北：中華書局，1960），頁48-50。

16 梁啓超，〈南海康先生傳〉，《飲冰室文集》，第六冊，頁67-70。

17 宋育仁，《采風錄》（質學叢書初集，武昌，1897），〈記三〉，頁819；〈記四〉，頁34-35。

氏所指出的這種影響一旦發生，形成儒家思想核心的精神意義架構也勢必隨之動搖，因爲這架構是由傳統的宇宙觀與價值觀綰合而成。隨著這一發展，中國人開始面臨一些前此很難產生的生命與宇宙的基本意義問題。由之而形成的困惑與焦慮，就是我所謂的精神取向危機。

因此，精神取向危機也是戊戌時代開始的。當時知識分子很盛行研究大乘佛學便是一個很好例證。這一發展反映儒家思想在當時已經不能完全滿足一些知識分子安身立命的需要。康有爲、譚嗣同、梁啓超等人的詩文，都透露他們在追求佛學時所作的精神掙扎。

就戊戌時代或者整個轉型時代的知識分子而言，他們在精神取向方面作所的掙扎，與他們在價值取向以及文化認同取向方面所展現的焦慮與困惑，常常是混而不分的。只有把這三方作綜合的分析，才能看到當時文化取向危機的全貌。

(二)戊戌維新與新的思想論域：根據上面的分析，轉型時代，中國進入空前的政治秩序危機與文化取向危機。面對這雙重危機，當時知識階層的思想回應自然是極爲紛繁。在這些紛繁的思想演變中，逐漸浮現一個共同的論域(discourse)，它的一些基本特徵在戊戌時代已經隱約可見。

首先是一種受傳統與西學兩方面影響的世界觀。就傳統的影響而言，它主要是來自儒家的經世思想，不但展現高度的積極入世精神，而且有一強烈的政治傾向 [18]。就西方思想的影響

---

18 Chang Hao, "The Intellectual Heritage of the Confucian Ideal of Ching-shih", in

而言，它主要來自西方近代文化自十七世紀以來所含有的極端
的人本意識（radical anthropocentrism）[19] 與歷史演進觀念。這中
西兩種影響化合爲一種世界觀，我們稱之爲歷史的理想主義。
這份世界觀在當時常常凝聚爲一個有著三段結構的時代感：一
方面是對現狀有著強烈不滿的疏離感，另一方面是對未來有著
非常樂觀的前瞻意識，而連接二者的，則是對由現狀通向未來
的途徑的強烈關懷。這種時代感在維新運動的中堅人物的思想
裡與幾份主要報刊裡已清晰地展露。

　　隨著這份歷史理想主義的世界觀而來的幾個觀念，對轉型
時代也有重要的影響。其中最顯著的是群體意識。它的核心思
想就是康有爲在戊戌時代提出的一個觀念：「治天下以群爲體，
以變爲用 [20]。」從那個時代開始，相對於不同的人或不同的時
間，這個觀念的內容可以有所不同。「群」可以指國家，或民
族，或種族，或階級，或理想的大同社會；「變」可以指歷史
演進觀，也可以代表傳統儒家視宇宙爲一生生不已的過程。但
這整個觀念所表現的一種思想模式與關懷，則是貫串整個轉型
時代乃至整個現代思想的一個基本線索。

　　其次是新的個人自覺觀念，後者是從傳統儒家思想承襲了
人爲萬物之靈的「人極意識」，而拋棄了傳統人極意識後面的

（續）──────
　　Confucian Traditions in East Asian Modernity, ed. Tu Wei-ming(Cambridge,
　　Mass.: Harvard University Press, 1996), 72-91.
19　Charles Taylor, "Socialism And Weltanshauung", in *The Socialist Idea: a*
　　Reappraisal, ed. Leszek Kolakowski and Stuart Hampshire(London:
　　Weidenfeld and Nicolson, 1974), 49-50.
20　梁啓超，〈說群序〉，《飲冰室文集》，第二冊，頁317。

超越的天道觀念,同時它也吸收了西方近代文明中的「浮普精神」(Faustian-Prometheanism)。所謂「浮普精神」是特指西方近代文明所展現的戡世精神,認為人已取代神為宇宙萬物之主,因此相信人性無限,人力無邊,人定勝天,人應該宰制萬物、征服宇宙[21]。總之,這種「浮普精神」很容易與中國傳統的人本主義湊泊,化為現代思想中的人極意識。而它的最初出現就是在戊戌時代。當時譚嗣同與梁啟超思想中所透露的志士精神與戡世精神,就是以不同的形式反映這份現代的人極意識,而形成個人自覺的核心思想[22]。

除了群體意識與個人自覺意識之外,尚有一個也是隨著歷史的理想主義世界觀而出現的思想趨勢,它是植基於上文提到的時代感。後者一方面投射強烈的前瞻意識,另一方面反映對現實的疏離與不滿,使得這份時代感很自然地集中在如何由現實走向未來這個途徑的問題上。轉型時代發生的改革與革命論爭,就是以這途徑問題為出發點。隨著革命的聲浪日高與革命的觀念逐漸深化與擴大,一種激化的現象於焉出現。

這激化的趨勢也可以溯源於戊戌時代。上文曾論及湖南改革運動中出現的激化現象,根據當時康梁派的同路人狄楚青的

---

21 Benjamin Schwartz, *In Search of Wealth and Power, Yen Fu and the West* (Cambridge, Mass.: Harvard University Press, 1964), 238-239.

22 張灝,《烈士精神與批判意識──譚嗣同思想的分析》(台北:聯經出版社事業公司,1988),頁112-114; Hao Chang, *Liang Chi-chao and Intellectual Transition in China, 1890-1907*(Cambridge, Mass.: Harvard University Press, 1971), 88-90,168-189.

報導，梁啓超與其他康門子弟如葉覺邁、歐榘甲、韓文舉等，在赴湖南參加新政改革前，曾協議準備走激進路線，甚至考慮採取革命立場[23]。同時值得注意的是，譚嗣同在回湖南投身改革運動以前所寫成的《仁學》，不但有排滿反清的主張，而且是以衝決網羅這個觀念爲基調。這基調極富感性涵意，而此涵意與日後激化趨勢中的革命觀念極爲合拍。因此我們可以說，譚的思想中有強烈的革命傾向也不爲過。無怪乎，轉型時代革命派的一些激進分子如鄒容、陳天華、吳樾，乃至五四時代的李大釗，都奉譚嗣同爲人格典型。這些都顯示，戊戌時代的改革運動已隱含一些激化的趨勢。

上面我大約地說明了戊戌時代開始出現的歷史理想主義以及隨之而來的群體意識、個人自覺與激化趨勢。以這些觀念與思想趨勢爲基礎，在當時展開了一個新的思想論域。這當然不是那時代唯一的思想論域，但卻是當時影響日增，而且對後來二十世紀思潮的發展有決定性影響的論域。

總之，不論就這新的思想論域，或者文化取向危機，或者思想的制度媒介與社群媒介而言，戊戌維新運動都是中國近現代思想文化史上的一個劃時代的開端。同時如第一節所分析，它也是近現代政治史上劃時代的里程碑。尤其值得我們反思的是，它所開啓的政治秩序危機與文化取向危機，仍是當前中國面臨的雙重危機。從這個角度去看，百年前維新運

23　丁文江，《梁任公先生年譜長編初稿》，卷一（台北：世界書局，1959），頁44。

動距離我們似乎很遙遠，但卻又不是那樣遙遠。就現代中國的政治與文化困境而言，中國仍未完全脫離戊戌維新所引進的危機時代。

院士叢書
時代的探索

2004年7月初版　　　　　　　　　　　　　定價：新臺幣280元
有著作權・翻印必究
Printed in Taiwan.

著　　者　張　　　灝
發 行 人　劉　國　瑞

出 版 者　中　央　研　究　院　　　責任編輯　沙　淑　芬
　　　　　聯 經 出 版 事 業 股 份 有 限 公 司　　校　　對　鄭　天　凱
台 北 市 忠 孝 東 路 四 段 5 5 5 號　　封面設計　胡　筱　薇
台 北 發 行 所 地 址：台北縣汐止市大同路一段367號
　　　　電話：(0 2) 2 6 4 1 8 6 6 1
台 北 忠 孝 門 市 地 址：台北市忠孝東路四段561號1-2樓
　　　　電話：(0 2) 2 7 6 8 3 7 0 8
台 北 新 生 門 市 地 址：台北市新生南路三段94號
　　　　電話：(0 2) 2 3 6 2 0 3 0 8
台 中 門 市 地 址：台 中 市 健 行 路 3 2 1 號
台 中 分 公 司 電 話：(0 4) 2 2 3 1 2 0 2 3
高 雄 辦 事 處 地 址：高 雄 市 成 功 一 路 3 6 3 號 B 1
　　　　電話：(0 7) 2 4 1 2 8 0 2
郵 政 劃 撥 帳 戶 第 0 1 0 0 5 5 9 - 3 號
郵 　 撥 　 電 　 話：2 6 4 1 8 6 6 2
印 刷 者　雷 射 彩 色 印 刷 公 司

行政院新聞局出版事業登記證局版臺業字第0130號

本書如有缺頁，破損，倒裝請寄回發行所更換。　　ISBN　957-08-2723-8（平裝）
聯經網址 http://www.linkingbooks.com.tw
　信箱 e-mail:linking@udngroup.com

國家圖書館出版品預行編目資料

時代的探索 / 張灝著 . --初版 .
--臺北市：中央研究院‧聯經，
2004 年（民 93），272 面；14.8×21 公分 .
（院士叢書）
ISBN　957-08-2723-8(平裝)

1.學術思想-中國-現代（1900-　　）-
論文,講詞

112.8　　　　　　　　　　　93010772